文春文庫

物語をおいしく読み解く

フード理論とステレオタイプ50

福田里香

画　オノ・ナツメ

文藝春秋

フード理論のフード三原則

＊

1　善人は、フードをおいしそうに食べる
2　正体不明者は、フードを食べない
3　悪人は、フードを粗末に扱う

A Theory of Food : Three Principles

1　**Good People Eat with Gusto**
2　**Mysterious People Don't Eat at All**
3　**Bad People Show Contempt for Food**

まえがき

まんがやアニメ、絵本、映画、テレビドラマ……画像作品には、さまざまな食べ物が登場する。あ、ここのシーンでも食べてるよ、と発見するのは結構楽しい。物語に登場する食べ物は、どこでどのように扱われているのか？　いつの頃からか趣味の一環として、意識的に鑑賞するようになったのだが、やりだすとこれが俄然おもしろい。

どうやら物語に、食べ物をうまく登場させると、登場人物の性格や感情、置かれた状況を、鑑賞者へ伝達するのにきわめて有効、スムーズに働くようだ。わたしはこれらの現象を総称して「フード理論」と呼んでいる。

そして「フード理論」はシンプルに、３つの原則にまとめられると考えている。それが冒頭の「フード三原則」だ。なぜ３つなのかといえば、子供の頃に「アシモフのロボット三原則」という概念を知って以来、三原則という言葉が好きなのだ。それに数字は、なるべく少ないほうが簡潔だ。

１　善人は、フードをおいしそうに食べる

画像の中で、誰かが大きな口を開けておいしそうに食べ物を咀嚼(そしゃく)してごくんと飲み込

めば、鑑賞者は親近感を持ち、信頼を寄せる。その人物が腹の底を見せたからだ。また、調理したひとも潜在的に、悪人とは見なされない。善人がそれをおいしく腹に納めたからだ。

2　正体不明者は、フードを食べない

みんなで食事をする場面で、ひとりだけ何も食べないやつがいれば、鑑賞者は怪しんで訝しく感じる。なぜなら、その人物の腹の底が見えないからだ。例外として食べる場合は「なぜそんなものを？」という常人には理解不能な物質だ。たとえば、ドラキュラが血を吸う、ゾンビが人肉を食らうというような。

3　悪人は、フードを粗末に扱う

この場合は、食べても食べなくても、どちらでもいいのだが、誰かがおいしそうに焼けた目玉焼きに吸い差しの煙草をじゅっと突っ込んだとしよう。確実に善人には見えない。食べ物を粗末に扱えば、鑑賞者は悪人と認識する。

そう、食べ物は、物語の演出上、感情の機微を伝えるための優秀な装置として機能し、キャラクターの特性をひと目で表すためのアイコン的な役割をも果たしているのだ。まずは自分の好きな作品を、フード目線でもう一度鑑賞してみてほしい。必ず新しい発見があるはずだ。思ってもみなかった文脈が読み取れて、2倍楽しめる上に、さらに興味が深まるに違いない。と、そんなふうに「フード理論」的観点から、数多の作品を鑑賞していたら、別のことにも気がついた。

ステレオタイプフードは世界を映す鏡

それは「数多くの物語で、よく似たフード表現が慣用句のように繰り返されている」という事実だ。たとえば、ある作品の、ある場面で、あるフード表現が登場したとする。それを観て、これは前にもどこかで観た、それも1回じゃない、何回もある。だけど何でいつ観たのか、まるっきり思い出せない、あ、もしかして、あの映画? いや、まんがか、テレビドラマか、ともかくそのどれか、もしくはすべて……などと脳内会議が侃々諤々(かんかんがくがく)と始まるような現象を体験したことがないだろうか? ある種のデジャヴにも似た、あの感じ。

原因はもちろん、過去に鑑賞した物語群が記憶の容量を超えた場合、脳はそれをふるいにかけるからだ。全部は覚えておけないとなった場合、複数の作品で、よく似た表現が何度か繰り返されているとその部分の印象が強化され、前後の展開のことは忘れ去っても、そこだけは、ふるいの目にひっかかってしまうのだ。

自慢ではないが、わたしの記憶力は人並み以下で、脳のふるいも相当目が粗い。だけど昔から画像として描かれた食べ物が、何だかやたらと気にかかる子供だった。その上、長じては、菓子研究家を名乗り、職業にしてしまったわけで、食べ物への興味が人並み以上だったのは、間違いないだろう。

そんな理由で「食べ物が出てきたシーン」に関してのみ、他のひとより深く感応したり、その場面を中心に記憶が鮮明で、時として自分が実際に体験した食事の記憶をも上回る。このように食べ物に関する画像が、記憶の粗い網目に引っかかり、朧げな印象だけが残存している現象を「ステレオタイプフード」と呼んでいる。たとえば、このフードシーン。

ゴロツキが食卓を襲っている。

どうだろう。明確には思い出せないが、しかし、確かに過去に何回もこの場面を観たという記憶がないだろうか？　これがわたしの言う「ステレオタイプフード」の代表例だ。一般的にステレオタイプというと、否定的な意味合いで使われることが多いが、この本では単に多くのひとに判で押したように同じ印象が浸透している状態を指す。ある作品にステレオタイプフード的表現が描かれていたからといって、それは決して作品を貶めるものではない。むしろ、ある種のわかりやすさとして、作品の演出面を効果的に下支えしている場合も多い。

この本では、物語のいろんな局面に登場する50のステレオタイプフードを、毎章ひとつずつ取り上げている。もともとは、日常の暮らしの中に息づく食べ物まわりの何気ない仕草や印象的な出来事を抽出して、画像に描き出したという経緯があったはずだ。しかし、それらの中のいくつかは、まるで慣用句のように物語世界に定着してしまい、ついにはステレオタイプフードになるに至った。

繰り返し登場するようになるには、なるだけの意味がある。わたしたちにある種の真実を端的に突き付けてくるからだ。例えば、ゴロツキが食卓を襲うには、もちろんちゃんとした理由がある。

現実の食べ物を、画像作品に取り入れて描くことで、食べ物を対象化して観ることができる。時には教訓として、あるいは反面教師として、じつはそこから学ぶべきことが沢山ある。誰かと一緒にご飯を食べること、食べないことの意味って？　打ち解けたいと思っている相手とはどうすればいい？　逆に絶対に拒否したい交渉事ではどうふるまうべき？　手土産には何を選べばいいのか？　……すべて画像作品に描かれた食べ物の中にヒントがある。

本書の挿画はまんが家のオノ・ナツメさんだ。洒脱な筆致で、これぞステレオタイプフードという場面を存分に切り取ってくださった。併せてお楽しみいただければ幸いだ。

と、ここまで書いて筆を置き、小さな幸せを嚙み締めて、家族団らんで夕餉の食卓を囲みつつ、ついでにご飯も嚙み締めていたら、突然、どんどん！！と怒濤の勢いで、勝手口を叩く音がするではないか。

もう夜半、今時分、夕食どきに何だろう？　と、わたしは箸を置いた。かんぬきを外しに、席を立ちかけたそのときだ。

「やい、やい、やい、やい、誰かいねえのか」

ドスのきいた怒鳴り声と共に、木戸をどかんと蹴破られ、ばたんと土間に倒れ落ちた。

ちなみに、ゴロツキを漢字で書くと「破落戸」である。文字どおり、破落戸に戸を破り落とされた、ってうまいこと言っている場合じゃない。すわっ一大事。そう、ゴロツキはいつもこんなふうに食卓を襲うのだ。

目次

物語をおいしく読み解く

フード理論とステレオタイプ50

挿画　オノ・ナツメ

01

ゴロツキはいつも食卓を襲う

Hoodlums Always Wreck the Table

さて、9ページのゴロツキだが、その後、ずかずかと土足でうちに上がり込み「けっ、呑気に飯なんか食ってんじゃねーよ」と怒鳴って、食卓を派手に引っくり返したのだ。

ガラガラガッッシャアーーーン

散乱する料理、砕け散る食器、床はこぼれた汁物でびしょぬれに。

気弱な父親は青ざめつつ、生意気盛りの長男がゴロツキに食ってかかるのを「やめないか」となだめ、母親は泣き叫ぶ赤子を抱きかかえ、年端もいかぬ弟妹は震えて母のスカートにしがみつき、それから、花の盛りの長女は、病気がちの祖母と発作の持病持ちの祖父を気遣って「大丈夫?」と背中をさすり……一家は部屋の隅で息を潜めているばかり。

祖父母、父母、妙齢の娘、思春期の息子、幼い弟妹、赤ちゃん、とまあ、多くて9人。ゴロツキに押し入られる側の必要最大限のキャラクター数は、こんな感じではないだろうか? 必要最小限なら、母子か父子の親子二人、あるいは親なしの兄弟姉妹という設定でもいい。血縁のない仲間同士という設定もありだろう。

この状況を実際に体験したことがないにもかかわらず、よく知っているというフード現象を「ステレオタイプフード」と呼んでいるが、ステレオタイプになるには、なるだけの明らかな理由がある。まず、第一にこのシチュエーションは、圧倒的に使い勝手がいいと言える。

家族といえど、日常生活で、家族（仲間）がごく自然に一堂に会する機会って、食事どき以外では、じつはそうない。ゴロツキが乗り込んでくる場面を団らんの食卓に設定すれば、わざとらしくない体裁を取りつつ、脅す側と脅される側、両方の人物相関関係とそれぞれのキャラクターをさっくり紹介できる。このメリットは、物語の展開上とても大きい。それから、うまそうな料理が並んだ食卓を台無しにする＝フードを粗末に扱う、という最小の暴力で最大の悪人ぶりを表現できるというメリットもある。冷静に考えてみてほしい。殴る・蹴るといった肉体に対する直接攻撃に比べて、食卓をひっくり返すという行為は、物理的に考えると――食うにも事欠くほど生活に困っているという設定なら、金銭面でかなり負担をかけることになるが――たいした暴力ではない。割れた食器を片付け、ぬれた床を拭けば、原状回復だ。

しかし、さあ、これから食べるぞ、あるいは和気あいあいと食べている最中に「温かい料理を台無しにされた」といった状況は、鑑賞者の感情に強く訴えかける。特にこれが家族という設定なら、食卓に供される料理は、たぶん出来合いの総菜ではなく、家族が作ったものであり、心のこもった料理を作るひともまた同様に善人と見なされるため、さらに意味合いは強化される。

鑑賞者にとって、フードを粗末に扱うという行為は、物理的には被害がそう大きくなくても、感情面でのダメージが大きいのが特徴で、殴る・蹴ると同等の、時にはそれ以上の暴力を受けた気分にさせられ、ゴロツキに対して激しい怒りを感じてしまうものだ。なぜかといえば、画像において、食卓、それは、腹の底を見せ合った信頼できる家族（仲間）の絆のアイコンだからだ。であるから、この怒りはどこから来るのかというと、食卓を襲われるのは、家族（仲間）を蹂躙されたと同義と捉えてしまう、という感情の流れから来るものだと考えられる。

ところで、本書の大扉の挿画は「戦後の昭和、ゴロツキが貧乏長屋のちゃぶ台を襲う」という体を取っているが、本章の挿画は「イタリアのゴロツキが貧乏一家のテーブルを襲う」という設定で描いてもらった。やはり、このマフィアバージョンにも、ステレオタイプと呼ぶに足る既視感を確実に感じる。

では、ちょっと想像してみてほしい。仮に設定が、中国の唐代の胡同、アメリカ開拓時代のオクラホマの弱小農場、古代ローマやインカ帝国の下層市民街……等だったとしても、じつはすべて「あり」じゃないか？　そう、このステレオタイプフードは、古今東西のあらゆる設定で通用するほど「普遍的でわかりやすい」という利便性も兼ね備えている。

いずれにしてもゴロツキが食卓を襲うのは、たいてい物語の序盤あたりと相場が決まっている。なぜなら、構成上、物語最大の、とっておきの暴力表現は、当然後半のクライマックスシーンに使いたいわけで、序盤は軽い暴力表現で済ませたいところだ。ゴロツキに食卓を襲わせれば、軽度の暴力でありながら充分インパクトがあり、鑑賞者には、悪人は誰、感情移入をすべき人物はこのひと、と確実に認識してもらうことができる。しかも、食べ物が散乱している、という状況は、画像的に派手で見栄えがよく、いいこと尽くめだ。また、ゴロツキが食卓を襲ったら、それは物語の分岐点。

＊父親が一念発起して画期的な製品を作る立身出世ストーリー
＊こいつらには負けないと誓った長男が対抗勢力に身を投じるピカレスクロマン
＊気弱な父親がついに逝去、女手ひとつで健気(けなげ)にがんばる母の細腕繁盛記
＊里子に出された弟妹が不思議の国に紛れ込むＳＦファンタジー
＊一家心中の果てにひとりだけ生き残った赤子が長じて起こす復讐譚
＊襲われたショックで祖母が急死して起こるてんやわんやの人情悲喜劇
＊妙齢の長女が身売りをさせられる美しい悲恋物語
＊ふらりと訪れた孤高のヒーローが一家を救う痛快アクション活劇

ほら、その後の展開は、よりどりみどり。だからいつも、ゴロツキに襲われる食卓から、わたしは目が離せない。

02

仲間は同じ釜の飯を食う

Comrades Eat From the Same Bowl

「腹心の友」という言い回しをはじめて目にしたのは、カナダの作家、L・M・モンゴメリーの名作『赤毛のアン』（1908年）だった。孤児院で育った主人公のアンは、新しく養い親となった老兄妹、マシューとマリラの住むグリーンゲイブルズに引き取られる。そして、マリラが、アンの友達にどうかと引き合わせてくれたのが、近所に住む同い年の女の子、ダイアナだった。彼女をひと目で気に入ったアンは、初対面のダイアナに向かって、こう言った。

「わたしの腹心の友になってくれる?」

「腹心の友」は、心の奥底まで打ち明けられる本当の友人のことを指す言葉だ。『赤毛のアン』を思春期のバイブルとして読むのは、圧倒的に女子だから、男子がこの「腹心の友」という言葉に触れるのは——今となっては、少々時代がかった言い回しになっているので——察するに明治、大正、昭和の文学か、「おぬしは儂の腹心の友じゃ」といった言い回しが登場しても違和感のない時代物の小説や映画、舞台、またはファンタジー系のまんがやアニメなら、キャラの古風さを強調するための台詞として敢えて使われる、といったあたりからだろうか。

しかし、「友」を省き、単純に「腹心」部分だけを取り出すと、いまだに現役の言い回しとして、わりと実社会でも使われている。「彼は部長の腹心の部下だ」こう言えば、「彼」は部長が一番信頼している、裏切らない部下である、という意味になる。このように、昔から「腹」には「心」が宿ると考えられていて、「腹」が絡む言葉には、心あるいは感情にまつわるものが多く存在している。思いつくままに例を挙げてみよう。

腹が大きい　～心が広いこと
腹を割る　～本心を見せること
腹をくくる　～決断をした状態
腹にためる　～考えを外に出さない状態
腹の中で考える　～誰にも言わずに算段すること
腹芸　～はかりごとを言葉や行為に出さず、政治力や度胸などで実現すること
腹に一物ある　～何らかの理由で考えを外に表明しない状態
腹が無い　～度量がない
裏腹な言動　～思っていることとは反対のことを言ったり、行動したりすること
腹黒い　～心に何か悪だくみを持っている
腹の底から笑う　～無条件に大笑いすること
片腹痛い　～滑稽でばかばかしく感じるさま
腹を立てる、むかっ腹（やけっ腹）を立てる　～怒ること
腹を据える　～じっくりと取りかかるの意

腹に据えかねる　～とても我慢ができないの意
腹の底までお見通し　～相手の考えていることをすべて知っているの意
腹の底が見えない　～何を考えているのかわからないの意

じつはこんなに存在するのだ。理性や感情、情緒など、人間の精神活動において重要な役割を果たしているのは、頭の中の脳であると、科学的に研究が進んでいる現代においてもなお、これらの言葉は死語になっていないとは驚くべきことだ。もっとも、脳が精神活動に深く関わっていることは疑いないが、そのすべてを担っているかどうかは解明されていないわけで、そのことを考慮に入れると、普段あまり意識していないのだが、思考、特に感情の動きとは、わたしたちの想像以上に、ある種の全身運動を伴うものなのかもしれない。

さて、ここで冒頭の『赤毛のアン』の続きを話そう。ダイアナに「腹心の友になって」と懇願し親しくなったあと、アンは親睦を深めようと彼女をお茶会に招くのだが、手違いで葡萄酒を飲ませて、べろべろに酔っぱらわせてしまう。その事態にカンカンに怒ったダイアナの母から、罰として彼女との交際禁止を申し渡される。悲しみにくれるアン。しかし、アンがある危機を救ったことで、事態は一転、両者は和解の運びとなる。仲直りの証として、アンはダイアナの家の正式なお茶に招かれ、「一家と食卓を囲み」、さらに「ダイアナと一緒にタフィ（飴菓子）を作って食べること」を許され、楽しいひとときを過ごしたのだった。

「腹心の友」は、原書では「a bosom friend」という表現だ。bosom は、胸や心という意味の単語で、直訳すると「胸の中の友」や「心の友」になる。しかし、１９５２年、日本にはじめてアンを紹介した翻訳家の村岡花子がこれを「腹心の友」と訳したのは、まさに炯眼（けいがん）であった。なぜなら、この一連のフードエピソードが物語るのは「二人の少女は最初お茶会で、腹の底を見せ合うことに失敗したが、その後、一緒に食事をしてお菓子作りをすることで、お互いの腹の底をじっくり見せ合うことに大成功した」ということなのだから。そしてダイアナの家でのお茶会以後、ふたりは晴れて親公認となり、一生涯の「腹心の友」となった。

　その昔、日本の武家社会には「切腹」という行為があった。罪を償うための刑罰として執行されていたが、これがまったく不名誉なことかといえば、そうではなく、むしろ身分のある武士にしか許されなかった行為で、不名誉なのは、切腹も許されない打ち首刑であった。しかも切腹には何らかの情状酌量的な力が働き、罪は許さないが、その者の最低限の名誉は守るという意味合いもあったのである。また、抗議のため、あるいは潔白を主張するため、責任を取って（取らされて）、自分の腹をかっ捌（さば）くという場合もあった。そのことを考えるにつけ、「腹の底を暴く」あるいは「腹の底を見せる」ということに、ひとは昔から感情的な落としどころや、感情のおさまりのつけかたを模索していたのだと言えるのではないか。

話は変わるが、日本の刑事ドラマ最大のステレオタイプフードといえば「取り調べ室のカツ丼」だ。これもまた、初出不明で、すでにテープが存在しない戦後昭和のテレビドラマやラジオドラマあたりが初出だろうか。いずれにしてもカツ丼が、かなり高価な食べ物であった時代のはずだ。「取り調べ室のカツ丼」話は、なかなか口を割らない被疑者に、安月給と想像される刑事が、特別な計らいとして、「自腹」で出前のカツ丼を取ってやるというものだ。そして情にほだされた被疑者が、温かいカツ丼を頬張るのをきっかけに、「わたしがやりました」と堰を切ったように、涙ながらに犯行を自供しだすという展開。自供の理由は「刑事さんの温情が腹にしみた」からである。このシナリオが、山のようにパロディネタとして活用されているのもさもありなん。なぜなら、閉ざされた人間の腹の底を、これほどわかりやすく劇的に曝してくれるフード展開はそうそうないからだ。

このように、昔も今もひとは「腹＝心」と捉えることに、驚くほど違和感を持たない。ところで「同じ釜の飯を食った仲間」という言い回しがある。使われ方は、こんな感じ。

＊罪を犯して、ひと言、

「許してくれよ、俺たち、同じ釜の飯を食った仲間じゃないか」

＊味方を鼓舞して、ひと言、

「みんな、同じ釜の飯を食った仲間じゃないか、やってやろうぜ」

＊昔馴染みに再会して、ひと言、

「懐かしいな、こいつとは昔、同じ釜の飯を食った仲間なんだよ」

「同じ釜の飯を食った」という短いフレーズだが、もちろん、この場合「釜の飯」というのは多分に比喩的であり、言いたいことは「艱難辛苦(かんなんしんく)を共にした俺たちは、立場が違っても、どんなに時が経ったとしても、基本、お互いに見捨てたり、裏切ったりできるはずがない」というニュアンスを内包している。「一緒の食卓を囲んだ仲なのだから」という過去の事実は、時として予想以上の心理的効果をもたらすものだ。

それは基本的に、団結を強くしたり、一生消えない絆を生み出す反面、ひとの判断を「甘く」する。なぜなら、同じ食卓を囲み、ご飯を食べるという行為は、「腹の底を見せ合った」、すなわち「偽りのない真実の心を打ち明け合った」ということに他ならないからだ。だから、大丈夫だと、ひとは信じたいのだ。

その証拠に一度も食卓を囲んだことのないひとのことを「裏切り者」とは呼ばない。食卓を囲んだことがないのなら、それははじめから終わりまで他人か敵だ。同じ釜の飯を食ったひとの裏切りのほうが、一度も同じ釜の飯を食わなかったひとの攻撃より、明らかに心理的にダメージが大きいのはそのためだ。

しかし、2000年あたりを境に、インターネットが急速に普及した世界に生きるわたしたちは、実質的に食卓を囲んだこともなく、ましてや一度も会ったことがなくとも、ネットを通して知り合ったひとを仲間と認め合い、場合によっては、比喩的な意味でなく一緒にご飯を食べたことのあるひとよりも、強い絆を築くことは今や珍しくない。今後もこのような機会は増えていくだろう。これは人類のフード史的には、重要な分岐点である。そのような日常を過ごすわたしたちを反映した作品には「同じ釜の飯を食う」に取って代わる新たな表現が登場するのか、しないのか。取って代わるとするなら、一体どんな表現が、ステレオタイプとして定着するのか。注意深く見守る必要があると思う。

03

鼻持ちならない金持ちの子供は、食い意地がはっていて太っている

Rich Little Brats are Gluttonous and Fat

「子供はみんな天使よね（微笑み）」という言い回しは、世間ではよく言われていることで、ある種、常套句レベルに達していると言ってもいいだろう。

それが本当かどうかは横に置き、画像においても、一般的に子供は、無垢なるもののアイコンとして扱われることが多い。また、ダイレクトに、作品のテーマとなっている場合も多々ある。

「天使で無垢な子供」が、物語に登場する場合、その子供の天使性、無垢性を、鑑賞者に向けて「ほら、この子は、こんなところが、こんなにも真っ白いんですよ」とエピソードで示す必要がある。そんなとき、「天使で無垢な子供」というのはたいてい、普通体型で、まあどちらかといったら痩せ型で、手足がすんなりしていて、ほかの子に比べたらいくぶん小柄、顔はと言えば、もちろん愛くるしく、人目を惹く何かを持っているか、もしくは長じればさぞや……というような美貌の片鱗を覗かせているといった、ひとを魅了するようなルックスをとるものだ。そしてしばしば、聞き分けがよく食べ物を粗末にしない、行儀よく空腹を我慢するといったエピソードを演じるわけである。

では、物語上、その子の対比として、「悪い子」を登場させねばならなくなったとき、登場するのが、本章のお題だ。世間で言われているように、生来、子供はみんな「天使で無垢」と仮定したとき、一体どのような境遇であれば、道を逸れて「悪魔で意地悪な子供」に育ってしまうのか？

この理由を過去の物語に求めてみると、「親が金持ち」設定を取る、という例が多いように見受けられる。金持ちの親＝悪、というだけで、相当ステレオタイプなのだが、さらに金持ちになった理由さえ、きっと何か狡いことをしたに違いないと思わせるうさん臭い嫌なやつらで、その子供は当然甘やかされて我がままいっぱいで、順調に親に似て嫌なやつに育ちつつあるのだ、という挿話を物語に差し挟む……これこそがステレオタイプフード派が、長年に渡り熱く支持する方法論だ。

そして、そんな「悪魔で意地悪な子供」に与えられるキャラクターとルックスは、こんな感じ。食べ物に意地汚く、外見は食べすぎによるでっぷりとした肥満体。この場合、太っているということは、必要以上に飽食を繰り返した結果を指し示している。「飽食」は広義では、食べ物を粗末にしているということだ。フード三原則の「悪人は、フードを粗末に扱う」という、例の括りに含まれる。鑑賞者はたぶん無意識にではあるが、「なるほど、食べ物を粗末にして太ったのか。ああ、この子は確かに、悪魔で意地悪な子供だな」とすんなり納得してくれるというわけである。そしてさらに「悪魔で意地悪な子供」は、食べ物がらみの意地悪をやらかして、その悪魔キャラを補強するのが定番だ。

＊食べきれないくらいの食べ物を独り占めする
＊うまそうな食べ物を見せびらかして、分け与えない

＊今まさに食べようとした物を横取りする
＊他の子が持っている食べ物をどついて落として踏みつける
＊食べ物を盗み食いし、その罪を他人になすり付ける

……「食べ物を粗末に扱う」の2乗の展開、とでも言おうか。おかげで鑑賞者は、心置きなく「この子は、悪魔で意地悪だ」と、認識を深めることができるという寸法だ。

しかし、実際、現実社会では、どうだろうか。子供のことをしばしば、餓えた鬼、「餓鬼」と呼ぶように、基本、食べ物に我慢がきかない生き物が子供なのだ。取りあえず、食欲が最優先。どんないい子でも、自分のお腹が満たされていないのに、他人に食べ物を差し出すという行為は、一般人が１００ｍを10秒フラットで走るくらい難しいこと――不可能ではないが、ほぼ不可能――ではないだろうか。自分の子供時代のことを思い返してみてもそうだった。

なんてことを考えながら、作品を鑑賞すると「食い意地がはっていて、太っている、鼻持ちならない金持ちの子供」に、ついついシンパシーが湧いてしまうのだった。「わたしはいいよ、君がお食べ」。空腹時に食べ物を譲れることこそが、じつは大人の証ということなのだ。フード的にはね。

04

少年がふたり並んで、食べ物を分け合ったら、それは親友の証 ポップコーンキャッチをしていたら、なおよし

Best Friends Share Food, but Playing Popcorn Catch is Even Better

ひとつの食べ物を他人と分け合うという行為は、鑑賞者の心の奥底にある、いわゆる「琴線」というものに、否応なく触れてしまうものだ。それも、ほとんど無意識のうちに。前章「鼻持ちならない金持ちの子供は～」にも書いたが、小さい子供は基本、自分の食欲が充分に満たされない限り、ひとに食べ物を分け与えようなんて、考えつかない生き物だ。

極端な話、たとえば赤ちゃんは、「食べて寝て排泄する」のが仕事だ。あくまで食べ物は、お腹がへると大人がどこからともなく調達してくるものであって、赤ちゃんは、ただそれを一方的に享受するだけの存在だ。たまに、ひょいと大人に食べ物を差し出すという、赤ちゃん特有のかわいらしい行動を見かけるが、これは「お腹いっぱいだから、もういらない」とか、「嫌いだから、食べない」というサインであって、「これ、おいしいよ、あなたもお腹が空いているだろうから、食べてみて」ということではない。

そして、幼児になっても、そんな行動は抜けないものだ。他人が食べているうまそうな食べ物を指差して「あれが食べたい」と泣きわめいて、まわりの大人を気まずくさせてみたり。まだまだ自分の空腹のことしか考えられず、他人の腹具合なんていうものには、無頓着だ。だから、自分の欲望に忠実な子供が、だんだんと育ち、ちょうど少年期のあたりからだろうか、他人のことに思いが至るようになり、それを汲んで自分の欲望を抑えることを覚え、ついには「自分もお腹が空いているから、本当は全部食べたいと思っている状態」なのにもかかわらず、「他人に食べ物を分け与える行為」におよぶようになるというのは、ただそれだけで感動的ですらある。子供が「フード的成長」を遂げたのだ。

「ひとつの食べ物を他人と分け合う」行動が、ついつい心の琴線に触れてしまうのは、誰もが自分の人生の過程で、このような実体験を持っているからではないだろうか。そんな理由で、物語は、しばしば、子供のフード的成長の瞬間を印象的に切り取ることに、驚くほどの大成功を収めてしまう。

少年がふと、ポケットか鞄に入れていた食べ物——それは母親が作ったサンドイッチか、はたまた板チョコや飴玉みたいな甘いお菓子、あるいは育ちが悪い系男子なら、畑からくすねてきたりんごかも——を「ほら、食えよ」とかなんとか、あるいは無言で、ふいっと何気なく差し出し、友人と分け合う、というシーンは、何度観てもいいものだ。鑑賞者は、そこに「純粋な好意の具現化」という小さな奇跡を見ることになる。そして「確かに物理的には自分の口に入る量は2分の1になるが、分け合って食べたほうが、なぜか断然おいしい。独り占めして食べたなら、こんなにおいしく感じなかっただろう」という感覚を追体験することになる。で、相手はもごもごと「ありがと」なんて返して、歩きながら、あるいは、階段に座り込んだりして、ぽつりぽつりと何か話し出すっていうのが、それが、いいのである。ほら、ふたりはこれで、親友だ。ベタ中のベタだが、そこはむしろベタでいい、と声を大にして叫びたい。

物語には、感情移入の肝になる、無条件に「わかりやすい」部分もなくてはいけない。そう、「ひとつの食べ物を他人と分け合う」行動さえあれば、「このふたりは親友だよ」と説明するのに、四の五のとエピソードをくっつける必要はないのだ。少年がふたり並んで食べ物を分け合う、という描写があるからこそ、物語で今後展開されるであろう、『走れメロス』的な「やっぱり君は裏切らなかった」話や、ユダ的な「まさか君が裏切るなんて」話、あるいは、メロス的でもユダ的でもない「永遠の日常がダラダラ続く」話ですら、より深みを持って、鑑賞者の心に刺さるのだ。

さらに、個人的な見解を言わせてもらえば、ポップコーンキャッチをしていたら、なおよし、だ。舞台が近世以前なら、時代考証的に「干しぶどうキャッチ」や「木の実キャッチ」とかもありだろう。この行動を描くことで、「あ・うんの呼吸で、食べ物で遊べるくらい、このふたりは同じ時間を重ねて来たんだな」というふたりの歴史、「どっちが投げて受けるか」でふたりの関係性、このふたつの情報が、瞬時に見て取れるというわけだ。

繰り返すが、「ポップコーンキャッチ」という描写があるからこそ、物語の今後の展開が、さらに、より深みを持って鑑賞者の心に刺さる。日常話はもちろんのこと、況(いわ)んやメロス話やユダ話に於いてをや。

05

正体不明者の差し出す
液体には、要注意
必ず毒か、
眠り薬が入っているから

Don't Take Liquid from Strangers
(It's Most Certainly Poison)

物語に登場する「液体」は、便利で使いやすいフードアイコンだ。ここで言う「液体」とは、平たく言えば「飲み物」のことだ。さまざまなバリエーションで、画像を彩ってくれる飲み物のアイコン性については、別の章に譲るとして、本章は「正体不明者の差し出す液体」について。

正体不明者には、「頭からすっぽりマントを被った身元不明のいかにも怪しいやつ」といったわかりやすいレベルはもちろんのこと、継母やどこそこの店主、宰相といったように、氏素性は明白でも、鑑賞者目線で言動を観察すると、「意地悪な継母」だの、「強欲な店主」や「狡猾な宰相」などと見て取れて、どうも敵味方の判別が不明だ、という人物も含まれる。

ところで、「意地悪な継母」で、誰もがピンと来る物語といえば、童話「白雪姫」だ。「白雪姫」は、1937年公開のウォルト・ディズニーによる史上初のカラー長編アニメーション映画の題材に選ばれ、しかもこのアニメが、エポックメイキングな20世紀の名作だったため、一躍世界的に有名な童話になった。

……魔女の継母に美貌を妬まれた白雪姫は、刺客から見逃されて森に隠れ、7人の小人の家に匿われることに。そこに、白雪姫の無事を知り、老婆に化けた継母が訪ねてきて、姫を騙して「毒りんご」を食べさせ、殺してしまう。小人たちが姫をガラスの棺に入れて嘆き悲しんでいると、白馬に乗った王子様が現れる。王子がキスをすると、毒りんごの呪いが解け、姫は目覚め、ふたりは幸せに……というのが、「白雪姫」の粗筋だ。

姫が食べたのは「毒りんご」、「液体」は関係ない話、と思うだろうが、ちょっと待ってほしい。「ディズニーアニメ版の白雪姫」の「毒りんご」は、正確に言うとこうである。
「ごく普通のりんごに、猛毒の液体をたっぷりとしみ込ませたもの」だ。

継母は、「毒りんごの生る木を育て、それをもいで姫に食べさせた」わけではない。「りんごを媒介にして、間接的に毒入りの液体を、姫に摂取させた」のだ。そう、毒液はちゃんと画面に登場する。しかも御丁寧に毒りんごを作る前にまず、「自分を老婆に変身させるための飲み薬」まで作るのである。「老婆に化けた継母」というくだりは有名だが、じつはあれは変装ではない。謎の液体を飲むことで起こる変身だ。アニメ上で、継母がとった行動は、料理のレシピにも似た、以下の手順であった。

魔法の鏡により、白雪姫が小人に匿われて生きていると知った魔女の継母は、鬼の形相で石造りの城の螺旋階段を駆け下り、秘密の地下室に入る。料理本を手に取る調子で、魔術書を繰り、まず、「ミイラの粉で作る老薬（おいぐすり）」を以下のような手順で作りはじめた。

1　ガラス管の中でごぼごぼと沸騰させて、謎の液体を生成する。用意したステムグラスに注ぎ、そこに得体の知れない黒い液体を1滴落とし、次に赤い液体と白い液体を数滴ずつ加える。

2　窓ぎわに移動してグラスを掲げ、恐ろしい呪文を唱えつつ、強風で黒い気を浴びせかける。次に雷鳴轟く稲光を落としてシェイクする。液体が不気味な緑色に変色し、灰色の煙がわき上がり、ごぼごぼと泡立ったらできあがり。
3　2のグラスを一気に飲み干す。このとき、七転八倒するほど苦しいが我慢すること。

手順3でグラスの液体を飲んだ魔女は、そんなに苦しむならいっそやめれば、と言いたくなるくらい髪を振り乱し、喉を搔きむしりながら悲鳴を上げるのだが、じつはそこがミソ。そんなにも白雪姫憎しということかと、魔女の執念をまざまざと絵として見せつける秀逸なシーンとなっている。まあ、その甲斐あって、まがりなりにも白雪姫に次いで2番目に美しかったはずの魔女は、大きなイボ付きのかぎ鼻に皺だらけの顔、黒いマントに曲がった腰、節くれ立った指に尖った爪、髪は白髪という醜い老婆に変身するのである。

そして、その老婆姿になったあとに、満を持して白雪姫に食べさせる毒りんご作りに取りかかるのであるが、それこそが第2のミソと言えよう。順番が逆だったらじつはあまり怖くない。邪悪な性格とはいえ、美貌の年増女が作るより、醜い老婆が作った毒りんごのほうが、絵として圧倒的に恐ろしく見えるからだ。

と、ここで、場面は一転し、森の小人たちの家へ。すると部屋では、白雪姫を歓迎してのダンスパーティが夜通し繰り広げられている。善良なみんなが踊り疲れて眠りについたあと、夜の静寂(しじま)に場面を再び魔女の地下室に戻すと……。

何と、まだ、毒液を作っていたのだ。老薬作りと毒りんご作りの間に、ディズニーお得意の楽しいミュージカルシーンを差し挟んだ演出が第3のミソだ。姫たちが賑やかに踊っている間も――たぶん時間に換算すると10時間くらいか――魔女は醜い老婆の姿のまま、大鍋で毒液を煮詰め続けていたと画面は物語る。ここで鑑賞者は、並々ならぬ魔女の執念に背筋を凍らせるという寸法だ。

さて、肝心の毒りんごのレシピは、以下の手順である。

1　大鍋の中に、得体の知れない液体を長時間ぐつぐつと煮えたぎらせる。液が暗緑色と青鈍色(あおにび)に交互に変わるようになったら、糸で吊るした白っぽいりんごを数秒浸ける。

2　1をゆっくり引き上げる。りんごの色が真っ黒になり、液が髑髏(どくろ)の形に流れ落ちたら成功だ。おいしそうな真っ赤な色に落ち着いたら、「毒りんご」のできあがり。

義理とはいえ「母」という立場の女性が、おしゃれカクテルやほっこりスープを作るのと同じように、世にも恐ろしい薬を調合するという画像が、二重に恐怖心を煽る。一般的には、正体不明者は何も食べないものだ。というか、何も食べさせないほうが、腹の底が見えずに神秘的に映るものだ。しかし、この作品では変身的に、老薬作りからの身の毛もよだつ変身シーンという一連の流れを、まずじっくりと見せることで、この継母の空恐ろしい正体不明感を後押ししているのだ。「あんな得体の知れない劇薬を飲んだら、普通の人間は喉や腹を焼かれて死んでしまうはず。それなのにちゃんと老婆に変身してしまうとは、やはり腹の底から本物の魔女だ。それにしてもとんだ自炊だよ」と、ひとつ超越した次元から、継母の腹の底がまったく見透かせないように演出がなされている。

ラブロマンスアニメ的には「白馬の王子様のキスで姫が目覚める」シーンが、「白雪姫」の山場だが、フードアニメ的に言わせてもらえば、明らかにこの「継母が老薬と毒りんごを作る」シーンが白眉だ。フードアニメ史上、屈指の名場面と言える。

推測だが……はじめからりんごに毒があったら、絵面的にりんごの持つ猛毒性の恐怖が観客に伝わらない、ならば、姫が食べたら、これは絶対ひと口で死ぬなと観客が納得する「毒」の作り方をアニメできっちりアクションとして描き、スリルを盛り上げよう、それにはやっぱり液体の描写が肝になる、といったような思考経緯があったのではないだろうか。とにかく老薬も含めた液体描写に関して、アニメーターの並々ならぬ、創意工夫が見て取れることは確かだ。結果としてディズニーは、「白雪姫」により、毒入りの液体っていうのは、動画的な表現上は、こうあらねばならぬ、という金字塔を打ち建て、以後の作品に多大な影響を与える雛形となった。

さて、ディズニーは、老薬と毒りんごを使い、間接液体技法とでも言うべきフード表現を駆使したわけだが、直接液体技法となれば、古今東西あまたの作品で、ストレートに「毒」や「眠り薬」、「変身薬」入りの液体が頻出している。

*玉座に座る幼い王子へ、「狡猾な宰相」が捧げる金のゴブレットの中に
*酒場で知り合った「強欲な店主」が差し出すワイングラスの中に
*「マントの怪人」が手渡すガラスの小びんの中に

とにかく、正体不明者の差し出す液体には、要注意。「だめ、飲んじゃ。誰か、気づいて、危ない!」鑑賞者の心の悲鳴は、常に物語の中には届かない。間一髪、企みに気づいた忠義者の誰かが、器を叩き落としてくれてもいいし、誰もそれとは気づかずに飲み干してしまってもいい。いずれにしても、物語は「正体不明者の差し出す液体」を分水嶺に、その流れを変えるものなのだ。

06

マヌケは、フードを喉に詰まらせて、あせる

Why Fools Hastily Stuff Their Mouths with Food

フードでたわいもないギャグをするやつは、とにかく憎めない。確かに度を越してやりすぎると、観るひとが嫌悪感を催してしまう場合もあるが。度を越した例を挙げると、テレビ番組で、出演者にフードを盛大に食べ散らかす類いの「競争」や「罰ゲーム」をやらせたあと、「残った食べ物は、このあとスタッフでおいしくいただきました」というテロップやコメントが入る場合がある。これが視聴者の嫌悪感を和らげるための措置であることは、間違いない。

たぶん、盛大に食べ散らかすシチュエーションを観て、単純に面白いと大笑いできるテレビ視聴者が一定数いる反面、「食べ物で遊ぶなんて。食べ物を粗末に扱っていて、観るに堪えない」と感じ、不快に思う視聴者もまた、ある一定数存在するのだろう。このように、画像で「フードでたわいもないギャグをする」という表現は、「フードを粗末に扱うこと」と表裏一体だ。

フードで遊ぶ行為は、フードを粗末に扱うことへの嫌悪感を誘発させる、といった危うさが常につきまとうのだが、匙加減さえ的確であれば、まず一般大衆にわかりやすい笑いや人気ギャグになることは、間違いない。特に小さな子供にもわかりやすい、というのも大きな強みだ。なぜなら、思春期以前の子供たちは——一部の早熟な児童は、幼稚園や小学校時代に〝初恋〟なるものを済ませていたりするが、それだって性欲とはまだ直接結びつかない、淡い感情であるから——人間の3大欲「食欲、性欲、睡眠欲」の中の「性欲」がまだ形成されていないからだ。

だから、その年齢を対象に、物語で、惚れたはれたの深い恋愛沙汰を展開しても、ほとんど興味を惹かない。ましてや「睡眠欲」は言わずもがな。もちろん、「睡眠欲」は万人が生まれたときから持っている欲だが、状況的にも、絵面としても、かなり退屈だ。寝ているときは、意識もないし、動きもなく、いわば一番「死」に近い状態だから、これを物語世界で展開させるのは、かなり特殊な状況下——たとえば、夢の中の話とか、目が覚めないことで周りが騒ぎになるとか——でなければ機能しない。

しかし、「食欲」は違う。「性欲」が人生の途中から発露するのに対し、「食欲」は、老若男女を問わず、生まれてから死ぬまで持ち続ける欲だから、常に万人の興味の対象だ。しかも「睡眠欲」のように静的ではなく、「食欲」の周辺には、食材を飼育、栽培、狩猟、採集する、料理を作るために手を動かす、テーブルに皿を運ぶ、洗う……などと仕事をする人々に加え、食べるためには手を動かして切り分け、口を動かして咀嚼しなくてはならず、キッチンやテーブルでは、さまざまな会話が交わされて……といったような、興味深い動作に満ち溢れていて、動的であるという点でも画像向きと言える。このような理由で、「食欲」を物語世界で喚起させるという展開は、わかりやすさにおいて抜群の強みになる、ということだ。

中でも、フードでたわいもないギャグをするやつは、とにかく憎めないものだ。冒頭に書いたように、やりすぎは人間の生理的な嫌悪感に抵触してしまうが、しかし、古来世界中の神事や祭、祝い事の中には、食べ物で遊ぶ行為が数多く存在するのもまた事実だ。

たとえば、鬼を祓うための2月の行事「節分」は、「鬼は外、福は内」のかけ声と共に、家の内外に豆を撒き、鬼の面を着けたひとに豆を投げつけ、笑い合う。

岩手県の「わんこ蕎麦」は、小さな椀に食べるはしから強制的に麺を投げ入れ、大食いを競い合い、もう勘弁と降参したさまを、笑い合う。テレビでショーアップされる以前にも世界中でこのようなちょっとした大食い大会は、カーニバルの余興として催されていたことだろう。

我が子の健康を祈願して行う九州地方の「1歳児の餅踏み行事」は、子供に搗きたてのの し餅の上を裸足で歩かせ、家族一同で、笑い合う。

多くの地域で「新築の棟上げ祝い」として行われてきた行事が「餅撒き」。これは屋根から餅やお菓子をばら撒き、集まった人々が争って取り合う様子を、笑い合う。

海外なら、町中トマトだらけにして、誰彼かまわずぶつけては、大騒ぎして笑い合うスペイン・バレンシア地方のトマト投げ祭「トマティーナ」。

イングランド・バッキンガムシャーのオルニー村で1445年からはじまったと伝えられるのは、四旬節前日の告解の火曜日に開催されるエプロンとスカーフを着用しパンケーキの入ったフライパンを持って走るパンケーキ競走。

ドイツのケルン文化圏では、謝肉祭の薔薇(ばら)の月曜日に行われるパレードで「Kamelle(カメレ)」と叫びながら、山車(だし)が撒き散らすお菓子を拾う。

キリスト教の結婚式には、誓いを終えた新郎新婦に、参列者が笑顔でお米を振りかけて、祝福の気持ちを表す「ライスシャワー」という風習がある。

本来は、命を繋ぐための大切な食べ物、これで遊んで笑うという状況は、生活に余裕がないとできない行為。言い換えれば、これができるのは、「豊穣」の証でもある。

「来年も――あるいは、わたしが、我が子が、うちの家が、この村が――どうぞ息災でありますように」

食べ物で遊ぶことで起こる笑いには、本来そんな祈りが込められているのだ。だから、食べ物でたわいもないギャグをするひとは、原初的な笑いの体現者であると言える。中でも一番シンプルな笑いは、「食べ物を喉に詰まらせて、あせっているという状態」だろう。

「マヌケは、フードを喉に詰まらせて、あせる」

これは、喉にものを詰まらせることで、本来行われるはずの会話や呼吸、咀嚼の「間」が「抜け」てしまうから、それを見聞きしていた他者が、つい調子を狂わされて笑ってしまうという現象を引き起こす。つまり、食べ物を喉に詰まらせるやつは、これが本当の「間抜け」ということだ。

しかし、もし、この前後の設定が、深刻な飢饉という状況であったなら、どうだろう？ 食べ物を喉に詰まらせるくらいあせってかき込んでも、誰も笑えない。同様に、敵が急に攻めて来たという報告を受けて、喉に詰まらせたとか、重篤な病気のため、喉に詰まらせたという状況では――もちろん、はじめからコメディ設定であれば、前述の設定でも、笑いは起こるが――通常は、笑いは起きない。裏を返せば、「ものを喉に詰まらせて、あせるひと」を、マヌケに感じ、それを笑えるということは、「平穏無事」の証でもある。

長寿番組として知られたテレビドラマ『水戸黄門』では定期的に、うっかり八兵衛が、峠の茶屋で串団子を喉に詰まらせ、お茶で流し込みながら「待ってくだせえ、ご隠居さまぁ」と叫んだ。同様に長寿であるテレビアニメ『サザエさん』では、毎週日曜日の夕方になると、何十年もの間、番組終わりの来週予告の後に、サザエさんが投げ喰いする行儀の悪い様子を〝視聴者に気づかれて〟焦り、「あら、むぐぐ」と喉にクッキーを詰まらせながら、「また来週」と締めくくっていたのも、つまりはそういうことなのだ。

07
賄賂(わいろ)は、菓子折りの中に忍ばせる

Bribes Among the Sweets

物語における「甘いお菓子」のアイコン性について、考えてみたいと思う。「甘いお菓子」は、フード表現上、二面性を持つ食べ物だ。陰陽、あるいは、裏表があるとでも言おうか。

まず、ひとつめは「甘いお菓子」の陽の面、表の顔には、「かわいくて、ふわふわとたわいない、毒にも薬にもならない、人畜無害なもの」といった体のアイコン付けがなされている。この場合、「甘いお菓子」は、キャラクターの善良性、あるいは健全性を強調したい場面に添えて登場する。例を挙げてみよう。

＊お年頃の少女が、大口開けてパフェを食べようとした瞬間、意中の少年と目が合い、思わずカーッと赤面——純情可憐にもほどがある、こんなおぼこい反応をされたら、誰だってこの恋を応援したくなる

＊長年故郷を離れていた男が、母親特製のアップルパイを前に「これが食べたかったんだ」と涙ぐむ——たとえ、彼が放蕩息子だとしても心底悪人とは思えない、何か事情があるのでは？　とつい肩入れしてしまいたくなる

＊珍事に驚いたご隠居が、ぼた餅を喉に詰まらせて、お茶で慌てて流し込む——何という粗忽者、フードでたわいもないギャグをやるひとを、憎めるわけがない

どうだろう、お菓子を使って、こんな行動を取る人々を観せられた場合、わたしたち鑑賞者は、とうてい彼らのことを、悪人とは認識できない。お菓子の持つ表の顔を、善人エピソードに絡めれば、善良に光明をｏｎしたような相乗効果が得られるというわけだ。

さて本題は、ここからだ。「甘いお菓子」の影の面、裏の顔についてのお話だ。この場合「甘いお菓子」には、「抗いがたい誘惑、我慢できない欲望、滴り落ちる快楽、目も眩む陶酔」といった体のアイコン付けがなされている。そして「甘いお菓子」は、キャラクターの俗悪性、あるいは不健全性を強調したい場面に添えて登場する。ひとつ代表例を挙げるとすると、やはり、これだろう。

〜時代は江戸、徳川の御代。場所はたいてい、人払いされた高級料亭の一室か、豪奢な私邸の床の間のある座敷だ。登場人物はこのふたり、市井の商人と幕府の高官。

商人「お代官様、山吹色のお菓子でございます。お口に合いますかどうか。例の件、ひとつ、よしなに」

高官「ふ、ふ、ふ、越後屋、お前も悪よのう」

もちろん、商人が差し出す菓子折りは、二重底になっていて、饅頭や落雁といったお菓子の下には、びっしりと小判が敷き詰めてある。「悪徳商人が、賄賂入りの菓子折りを、汚職高官へ渡す」くだりは、日本の時代劇に燦然と輝く一大ステレオタイプフード演出だ。商人の名前は、大黒屋、越前屋、尾張屋など。代官のかわりに、御前様、御家老様といったバリエーションもあるが、いずれにしても、やることは同じ。「甘いお菓子」を使って、こんな行動を取る人々を観せられた場合、わたしたち鑑賞者は、疑うことなく彼らを「悪人」と認識してしまうのだ。「甘いお菓子」の持つ裏の顔を、悪人エピソードに絡めれば、俗悪に暗黒をｏｎしたような相乗効果が得られるというわけだ。

なぜなら、主食の穀物、肉、野菜、水などが、人間の根幹、生死に関わる切実な食べ物だとすれば、「甘いお菓子」は、そうではないからだ。「甘いお菓子」は、嗜好品、食べなくても死にはしない。だけど、一方で、主食だけなんて味気ない、「甘いお菓子」のない人生なんて、生きる意味があるの？　という考え方も確かにあるのだ。「甘いお菓子」は、舌の上のエンターテインメント。それは娯楽や趣味のない人生なんて、生きる意味があるの？　という問いにも重なる。

しかも、「甘いお菓子」は、食べすぎると体に毒。フードとドラッグの狭間に位置するような、ある種の常習性を伴う娯楽だから、堕落とはいつも隣合わせ。このように複雑なニュアンスを孕(はら)んでいるからこそ、「甘いお菓子」は、誘惑や欲望、快楽、陶酔といったもののアイコンにぴったりだ。「甘い」誘惑や欲望、快楽、陶酔はあっても、酸っぱい誘惑や苦い欲望、辛い快楽、塩（しょ）っぱい陶酔などという言い回しがないことからも、やっぱり、五味の中でも「甘味」は、人間にとってどこか特別だ。

　さて、前述の菓子折りの話に戻るが、「山吹色のお菓子」とは、小判の隠語だ。それにしても、人間の欲望の象徴である「金」をお菓子に例えるとは、本当にこの言い回しは秀逸。本物の甘いお菓子の下には、山吹色のお菓子である小判——快楽の下に欲望をｉｎするわけだから、これは強力なアイコンとなる。

　ちなみに、少額の賄賂の別名を「鼻薬（はなぐすり）」とも言う。「丁稚の小僧にちょっと鼻薬をかがせて、事情を聞き出した」「門番に鼻薬がきいているようだな。すぐに屋敷に入れたぜ」というような用法だ。文字どおりに捉えると「鼻の病気を治す薬」ということになるが、じつはこの場合の鼻薬は、お菓子を指す言葉だ。駄々をこねて泣く子供をなだめるために与えるお菓子は「鼻を鳴らして泣くのを止める薬」であるから、お菓子のことを俗語で「鼻薬」と呼んだのだという。それが転じて、相手を懐柔するための金品、すなわち賄賂の意味にも使用されるようになった。お菓子、恐るべし。

　たぶん、実際の江戸時代では、ばれないように工夫を凝らし、思いもつかないような巧妙な賄賂の手法が横行していたと思うのだが、物語の中では淘汰され——現実とは反対に、水戸黄門や大岡越前、暴れん坊将軍、遠山の金さん、それから必殺仕置人たちに、手際良く見抜かれなくては話にならないのだから——結果として印象が強い「賄賂は、菓子折りの中に忍ばせる」というシナリオが残ったのだろう。「賄賂は、菓子折りの中に忍ばせる」というシチュエーションは、ステレオタイプになるべくしてなったということだ。

08
失恋のヤケ食いは いつも好物

Comfort Food for the Brokenhearted

「アイツに失恋しちゃった。十中八九、無理だと思ったけど、今つき合っているひと、いないって聞いたから。一か八か、勇気を出して、好きです、つき合ってくださいって、告白したんだ。……でもアイツ、好きな人がいるって。君のことは友達にしか思えないって。はっきり言われちゃったよ」

こんな場合「語り手」は男でも女でも、「アイツ」は彼でも彼女でも成立する。多くの人間が体験する失恋の話は、人類普遍のテーマだ。

そして物語の中で、失恋の痛手を癒やす行為として、登場しがちなステレオタイプフードが「ヤケ食い」だ。彼（もしくは彼女）を忘れるためにという名目で、食べ物をやたらと大食いしてしまうという、あれだ。ヤケ食いの「ヤケ」を漢字で書くと「自棄」。自らを棄てた食べ方という意味だ。確かに限界を超えた暴飲暴食をして、心の傷を癒やそうというのだから、相当な自暴自棄状態であると言ってもいいだろう。

ところで、わたしがこの「失恋でヤケ食い」という表現をはじめて目にしたのは、1970年代の少女まんがで定番だったラブコメディだ。次いで、当時よくテレビで放映されていた室内で展開するアメリカ製ホームコメディ、それから日本製の軽妙なタッチのホームコメディで、配役に売り出し中の若手女優や俳優、アイドルたちが絡み、ちょっとした恋愛沙汰が展開するようなタイプのドラマあたり。

今となっては例のごとく「よく見かけたと感じている」という曖昧な記憶しかないので、この作品のあのシーンとは、確定できないのだが、描けと言われたら、それら複数の幻のような印象を全部透明のレイヤーにして重ね、コンピュータで合成して、平均値を出したようなシーンを描くことはできる。ちなみにそのときのヤケ食いシーンに書き添える擬音語は——あくまでわたしの場合だが——手描きのカタカナで「パクパク」だ。それは、描き上がった絵を元に当時の少女まんがやテレビドラマをしらみつぶしに当たったとしても、同じコマは絶対に存在しないという、イメージの亡霊のようなものだ。

この「失恋でヤケ食い」というエピソードは、ちょっとしたコミカルさを含んだかわいげ溢れる行為で、生臭い性衝動とはほど遠いある種の乙女表現として——これは男性が失恋したという設定でも同様で——描かれている。「自分は恋を失っても、ほら、ヤケ食いしたら立ち直っちゃうよ」というエピソードの行間を読んでみると、というか、その裏を返せば、「だから、失恋相手を思って、夜な夜な悶々としたりはしません」と、言っているのだ。

失恋者は「邪推しないでください。わたしは確かに恋をして、失恋をしました。でも、それはいやらしい性衝動とはまったく関係ありません。プラトニックなんです」と台詞にして言う代わりに「失恋でヤケ食い」という行為をしているように取れるし、また作者目線に立てば「このキャラは、恋はしても仄暗(ほのぐら)いリビドーなどは、まるで持ち合わせていませんから、安心してください。鑑賞者のみなさんもそのつもりでご覧ください」という表明にも取れる。じつは「ヤケ食い」は、失恋者が自ら下半身の懊悩をシャットアウトしてみせる行為に他ならない。「失恋でヤケ食い」は、キャラの持つ天真爛漫さや性に対する潔癖症的な側面を強く補強するアイコンとして機能している。

しかし、それは本当なのか？　よく考えたら、失恋の痛手を食欲で癒やすとは、たいへん直接的な行動ではないかと思うのだ。ヤケ食いする食べ物は、たいてい自分の好物である。なぜなら、失恋で地の底まで落ち込むような心の痛手を負ったのに、このタイミングで、よし、これを機会に苦手な食べ物を克服しようとは誰も思わないから。

なので、失恋者が女子なら、ケーキやドーナツ、クッキー、チョコレート、大福、アイスクリームなどの甘いお菓子、男子ならもっとがっつりとステーキやトンカツなどの肉料理やラーメン、カレー、濃い味付けのスナック菓子といった男好みの食べ物を、それぞれキャラの好物としてヤケ食いさせるのが定番だ。そう、「失恋のヤケ食い」とは、失恋の相手を好物のフードと置き換えて、自分の体内に摂取して、満たされなかった恋情や所有欲、性欲を食欲にすり替える行為に他ならない。

「失恋でヤケ食い」というと一見、いかにも清潔だが、性欲と食欲が近しいものだと一番感じるエピソードが、じつはこれなのである。性欲と食欲がどんなふうに似ているかという例を挙げると、スラングで「あいつを食っちゃった」といえば、ＳＥＸをしたという意味になる。あるいは、水も滴るいい男、ふるいつきたくなるいい女を見かけたとして、そのときのステレオタイプな反応として定着しているのが、「ごくりっ」と喉を鳴らす、というものだ。これはおいしそうな食べ物を見つけたときの表現としても同じように定着している。ひとはうまそうな食べ物を見たら「ごくりっ」と喉を鳴らすのである。

また、好きなひとや好物の実物を目の前にしなくとも大丈夫、それらを絵や動画に写したものがあれば、視覚から欲望を湧かせられる能力を獲得したのが人間だ。さらに言えば、人間は文字情報のみですら、食欲や性欲を感じることができるのだから、このふたつはやはり似ている。

さて、話を戻そう。「ヤケ食い」は、本当に心の底から「欲しい」「愛しい」「自分のものにしたい」と思った意中のひとを取り逃がしてしまい、永遠に手に入らないという喪失感、心にぽっかり空いた空洞を、自分の好物の食べ物で埋めようという行為だ。これは、隠し持った、いや自分でも気がつかないでいたのかもしれない無意識下の性欲を食欲にすり替えることによって、自分を騙し、「大丈夫、満たされているよ」という偽の信号を脳に送る行為なのだと思う。

「かわいすぎて食べちゃいたい」とは、言い得て妙ではないか。文字どおり、思い人を食べ物に仮託して食べているのが「ヤケ食い」なのだ。逆に「かわいさ余って憎さ百倍」

となってしまったらたいへんである。失恋者がストーカー化してしまわないための、言わばストッパー的役目を果たしているのが、この「ヤケ食い」という行為なのかもしれない。なぜなら、食べれば「咀嚼」して「消化」できるからだ。そしてそれはいずれは「排泄」に至る。

恋煩いは、食事が喉を通らなくなり、身も世もないほど痩せ細るものだが、「ヤケ食い」は、それを元に戻そうとする無意識の防衛反応なのかもしれない。だから、失恋をしても「ヤケ食い」ができるようなら、――「ヤケ食い」が止まらないというホラー展開はまた別の話として――まず大丈夫。そして、きっと体重が元に戻る頃、心の傷も癒えるはず。「ヤケ食い」は、失恋者がこの恋を一応ふっきった、というアイコンでもある。

09

ヤケ酒を飲むと、意外なひとと同じベッドで目覚めるはめになる

How Drowning One's Sorrow in Liquor Leads to Strange Bedfellows

前章で書いた「失恋のヤケ食い」だが、じつはヤケ食いに次いで、「失恋でヤケ酒」というシナリオも、かなりなステレオタイプと言える。また、「ヤケ酒」の原因は失恋だけでなく、こんな場合も見かける。

＊「はっ、取り返しのつかないことをやらかした」
＊「チクショー、嫌味な上司のやつ」
＊「取引相手が我がままでさ、やってられない」
＊「無念、ここ一番の大試合に負けた」
＊「何ということだ、一瞬にして大金がパーに」

失恋、失態、憤怒、ストレス、敗北、損失……といったところだろうか、酒をあおる原因といえば。人間生きていれば誰もが体験することばかりだから、こんな状況に陥ったなら「ヤケ酒の主」は男でも女でも成立する。

とにかく、物語で何らかの展開が必要で、登場人物に度を越したお酒を飲ます必要がある場合、登場しがちなステレオタイプフードが「ヤケ酒」だ。別にヤケでなくてもいいのだが、自分の身に降りかかったことを忘れるためにという名目で、酒をやたらとがぶ飲みしてしまうというのが「ヤケ酒」だから、なにかヤケにならざるを得ない状況が、登場人物を襲ったのだ、という前振りがあったほうが、飲酒に説得力が生まれるのは確かだ。

ところで、この「ヤケ酒」も「ヤケ食い」と同様に、わたしの脳内では、もはやどの作品のあのシーンとは確定できない、イメージの亡霊のようなものと化しているが、描けと言われたら、平均値を出したようなシーンを描くことができ、そしてそのシーンに書き添える擬音語は――あくまでわたしの場合だが――手描きで「ゴクッゴクッ　ぐびっぐびり　ヒック　うぃ〜」の組み合わせだ。また、ヤケ酒の主の隣に、「お前もうやめとけよ」と忠告をする善き友人がいるパターンや、絶対にヤケ酒の主のことが好きな第三者に「もうやめて、見ていられない」なんて諭されるというパターンも酒の肴的なステレオタイプさで、おいしいと言える。

基本、酒好きの登場人物が、限界を超えて浴びるほど飲むわけだから、酒は自分の好物の範疇だ。しかし「失恋のヤケ食い」と違うところは、飲めない酒、つまり本来は苦手なのに、下戸が無理して飲むという展開もよく見かけるということだ。これは酩酊による忘我効果を期待しての摂取であり、危険を承知でドラッグ的な要素に手を出しているということに他ならない。「ヤケ酒の主」の精神状態はより深刻、それほどまでに自失したい状況に追い込まれているのだと考えられる。

さて、「ヤケ酒」をあおったあと、「ヤケ酒の主」がどこで目覚めるのかといえば、やっぱりステレオタイプなのはこれだ。「意外なひととベッドで同衾していた」というものだろう。

「う〜ん？」小鳥のさえずりに目が覚めて、寝ぼけ眼で部屋を見渡すと、何かがいつもと違う、「！！！ここはどこ？」……自分の部屋じゃない。驚きのあまり一瞬で完全に覚醒し、がばっと飛び起きると、近くで何やらひとの気配がする……嫌な予感に怯えつつ、そっとシーツをめくってみると、「！？！？これは誰？」。何と隣には見知らぬ誰かが寝ているではないか——この場合、お互い一糸まとわぬ全裸で、というのが定番だろう——それにしても一体何がどうなって、こうなってしまったのか？　二日酔いでガンガンする頭で考えても、昨夜のことはさっぱり思い出せない。

と、こんなところか。バリエーションとしては、目覚めた部屋はちゃんと自室で、「昨日はそんなにひどくもなかったのか、記憶がなくてもちゃんと帰宅していたくらいだから」とほっとしたのもつかの間、やっぱり隣に誰か寝ていた、という〝一度油断させる〟バージョンもある。それから、隣には「見知らぬ誰か」の代わりに「知っているけど絶対寝てはだめなひと」がいる場合もあるし、中でも最悪なのは「自分の隣で死体が寝ていた」といった類いのものだろう。

「ヤケ酒」を飲んで、意外なひとと同じベッドで目覚めるはめに追い込まれたら、そのあとがまたたいへん。失恋したはずの相手が絶妙なタイミングで「やっぱり、あなたを愛している」と駆け込んでくるはずだし、失敗を犯して怒らせた相手が「何でうちの娘のベッドにお前がいるんだ」と怒鳴り込んでくるかもしれない。また、ベッドで同衾した相手が、なぜかよりによって「嫌みな上司本人」や「我がままな取引相手の伴侶」だったとか。ここ一番の大試合に負けたり、大金をパーにしたにもかかわらず、「輪をかけて自分を落ち込ます相手」が隣で寝ていたりというのもありだろうし、「隣に死体」に至っては、すでに殺人事件に巻き込まれているという。

それから、「ヤケ酒」の逆バージョンとして、「浮かれ酒」というのもステレオタイプだ。

＊明日が念願の結婚式
＊三段飛ばしで昇級した
＊難しい仕事を勝ち取った
＊宿敵を破って優勝した
＊思いがけず大金を儲けた

……そんな理由で盛大に祝杯を上げて、べろんべろんに気持ちよく泥酔した……まではいいのであるが、朝目覚めたら驚天動地、自分の隣に信じられないくらい意外なひとが寝ていた、という展開だ。

「ヤケ酒」バージョンが、他人の不幸にさらにドライブがかかる様を楽しむ物語だとすれば、「浮かれ酒」バージョンは、一夜にして天国から地獄へという展開で、ジェットコースター的に他人の幸・不幸の落差を楽しむ物語だ。

10
絶世の美女は、何も食べない

Knockout Beauties Never Eat

時代によって美女の定義は、変遷するものだ。豊満なほうが美とされたり、華奢なほうが美とされた時代があったり。だから、「傾国」や「傾城（けいせい）」と呼ばれ、彼女のために国が傾いたほどの美しさと伝えられる中国の唐代の美姫・楊貴妃（ようきひ）や、古代ローマの英雄シーザーとアントニー、この両雄を虜にしたというエジプトの女王・クレオパトラなど、誰もが知る絶世の美女を描く場合も、描かれた時代によって容貌が違っている。

古くはギリシア神話の美女も、絵画の中ではさまざまな容姿で描かれ続けてきた。特に有名な画題は、「パリスの審判」あたりだろうか。これは、〝もっとも美しい女神に与える〟とされた黄金の林檎を巡り対立した3美神、ヘラ、アフロディーテ、アテナを前にして、トロイア王・プリアモスの息子で、美青年として名高いパリスが審判を下す、という場面を描いたものだ。

たいへん人気の画題で、

＊ラファエロ（現存せず）
＊ライモンディ（１５１５～16年頃、ラファエロ作品の模写版画）
＊クラナッハ（１５２８年頃）
＊ルーベンス（１５９７～99年頃）
＊ロラン（１６４５～46年頃）
＊ルノアール（１９０８年）

……などと、何世紀にも渡り、多彩な画家が、この主題に挑み続けている。見比べると、美神の〝外観〟は、本当にさまざまで、時代によって美のありようが変化しているのが見て取れる。さて、パリスが審判で1等に選び、黄金の林檎を与えた女神は、アフロディーテ（ヴィーナス）だが、もっともこれは「わたしを選んだら、この世でもっとも美しい女をお前に与える」という裏取引き有りの勝利で、ほかのふたりも「君主の座」や「戦いの勝利」を提示して、パリスを裏取引きに誘っている。何とパリスは、自分の損得を優先して選んだわけで、アフロディーテの優勝が公平であるとは決して言えないが、取りあえず「パリスの審判」は、「ギリシア神話の絶世の美女、タイプ別3トップ」を鑑賞するのにうってつけだ。

この3美神に加えて、アフロディーテが裏取引きの材料とした「この世でもっとも美しい女」、すなわち「スパルタ王妃ヘレネ」を加えて、これらの画題を鑑賞していけば、古代の4大絶世美女が、時代と共に――そこには画家の個人的な好みも混入しているわけだが――どのような〝外観〟に変遷するのかを、垣間見ることができる。

さらに時代が下れば、これらの4大美女は、絵画のみならず、映画やテレビドラマ、アニメ、まんがなどの新メディアが誕生するたびに、その時代の美の基準で――時にはパロディの対象や彼女たちをオマージュした新キャラクターとして生成し直されて――画像として描かれ続けている。そして、もちろんギリシア以降や別文明の絶世の美女たちも、同様に描かれ続けている。

絶世の美女の〝外観〟に関しては、そんなようなことだが、では、20世紀、映画やテレビドラマ、アニメ、まんが(これも動的表現の一種だ)などの動的な新メディアが急激な発達を遂げ、美女が絵画の中の静止画像に留まらず、生々しく動き出した時代を迎えたとき、その女をして絶世の美女たらしめる、もっとも端的にして効果のあるフード演出とは何だろうか? と考えてみた。それはたぶん、彼女に何も食べさせないことなのだ。

ここでちょっと人体を単純化して考えてみよう。人体の構造をどんどん整理し、手足や胸、首、ウエストなどの凸凹を均(なら)していくと、見えてくる形が「筒」だ。単純化すると人体は――中心に1本の管を持つ――口腔から肛門までをひとつの管に貫かれた肉筒だ。乱暴な言い方をすれば、ストローやホース、土管などと同じ構造であると言える。

ここに1本の管があると仮定して、それを見た人間が何をしたくなるかというと、これはもう確実に「中を覗きたくなる」のだ。なぜなら、わたしたち人間はとても好奇心が強い生き物で、その性質のおかげで進化を遂げてきたのだから。「興味を惹く形」を見つけたら、表から裏までひっくり返して、すべてを知りたくなるのが本能だ。人体の管に関しても同様で、特に美女は、他者にとって明らかに「興味を惹く外観」をしているので、他者は――たぶんに無意識下だが――この管を是非じっくりと覗き、〝内部〟

もよく確かめたいという欲求に駆られる。

しかし、逆に言えば、この「興味を惹く外観を持つ人体の筒」に対して、誰かが「他者の興味を長く持続させたい」と願った場合、「絶対に管の中、内部を覗かせてはいけない」のである。だって覗いた途端、興味が失せてしまう、というのは言い過ぎかもしれないが、少なくとも熱狂がチルアウトしてしまうのは、目に見えている。ちょっと、「フード三原則」の1と2を思い出してほしい。

1　善人は、フードをおいしそうに食べる

2　正体不明者は、フードを食べない

人前で口腔から食べ物を摂取することは、ある意味、人体の管を可視化すること、鑑賞者に管の内部を意識させる行為に他ならない。だからこそ、食べ物をうまそうに食べる行為が、腹の底を見せること、腹に一物もないですよ、というアイコンになり得るし、食べたひとをして善人に見せ、「ああ、このひとも自分と同じ人間だ」と親しみを感じさせるのだが、反面、そのひとの持つ神秘性は、確実に損なわれる。

逆に、何も食べないひとは、腹の底が見えないからこそ、神秘性が失われず、正体不明と感じるのだ。さらに言えば、口腔から入ったフードは、咀嚼され、喉をすべり落ち、胃の腑で消化され、長い腸管で栄養を吸収された末、肛門から老廃物が大便として体外に排出される。そう、人間であれば、容姿のいかんにかかわらず、口腔から食べ物を飲み込んだが最後、最終的には肛門から必ず排出されるはずの嫌な臭いを放つ大便までを、鑑賞者は——たぶんに無意識下だが——幻視してしまうことになる。

だから「絶世の美女は、何も食べない」のだ。どんなに美しくても、彼女も自分と同じで、所詮は排便をする管である、と悟らせないところが、美女の美女たる所以なのではないだろうか。もし、彼女が何か食べるとしても、ほんの少しワインなどを口に含むか、瑞々しい果物をやはり少量口に含むかどうか、といった描写が限度ではないだろうか。そういえば、前述の3美神も取り合ったのは黄金の林檎で、それも勝利のトロフィーとしてであり、食べるために欲したのではないし、楊貴妃も好物はライチという果物であったという逸話を残している。

しかしもちろん、「食べること」が美に対して、すべて負に働くかというとそうではない。表現したい美が「健康で庶民的な美」「生命力溢れる肉感的な美」である場合は、美女にもりもりと料理をたらふく食べさせてみるのも有効であろう。しかし、同じひとりの美女が片や健啖家ぶりを発揮しているところ、もう片方は何も食べずにただ微笑んでいる、という2枚の画像で比べた場合、どちらが「ひと目見ただけで魂を奪われるほどの絶世の美女」に見えるかというと、やはり何も食べていないほうが、分がいいと思う。

ところで、よく「昔は本物の美女がいた。それに比べて現在活躍している女優は今ひとつである」といった論調を聞くことがある。しかし、それは本当だろうかとわたしは思っている。死人に口なし。本来の意味は、「死人は申しひらきができない」。死者に無実の罪をきせるとき、または、死者を証人に立てようとしてもできない例えなどに使う言葉だが、また別の意味で、これは絶世の美女にも当てはまる言葉だ。

死人に口なし、ということは、死人に排泄なし、とも言い換えられるということだ。故人となった過去の美女たちは、上手の手から水が漏れるように、人前で大口を開けて不用意にフードを食べるような失態を犯して、鑑賞者を幻滅させることはない。だからこそこちらも安心して絶世の美女と認定できる……故に永遠に絶世の美女でいられるのだ、とも言えるのではないだろうか。

また最後に、絶世の美男についても同様のことが言えると追記しておこう。

11

酔っぱらい親父は、
十字に紐掛けした折り詰めをさげて、
「うぃ～」と、ふらふら歩く

Drunk Old Men Stumbling Down the Street,
Takeout in Tow

「酔っぱらい親父が、十字に紐掛けした折り詰めをさげて、うぃ～とふらふら歩いている」。

東京で、酔っぱらい親父たちの聖地といえば、新橋駅前が定番だ。が、今となってはかの地ですら、このような男の姿が絶えて久しい。なぜなら昨今、食べ物を店からテイクアウトする場合は、必ずビニール袋やエコバッグ、ショッパーなどに入れられてしまい、まず、折り詰めをむき出しで持ち歩く、という習慣自体がなくなったからだ。けれど、いまだに日本人なら、ああ、あれね、といった調子で、簡単にこのイメージを思い浮かべることができるはず。現実世界では、すでに絶滅してしまったにもかかわらず、わたしたちの脳裏に、その情景が焼き付いて離れない、という類いのステレオタイプフードが、この「酔っぱらい親父の折り詰め」だ。

さて、この画像が広く流布したきっかけは、昭和の国民的4コマまんが『サザエさん』の主要人物のひとり、主人公・サザエの父親である磯野波平氏（54歳）だ。作者は、長谷川町子。1946年に新聞連載としてはじまった本作は、途中休載をはさみながらも、1974年まで続き、連載は6477回、文庫本45巻に及ぶ、長寿まんがだ。

みなさんご存知のように、サザエさんは、フグ田マスオ氏と結婚して、ふたりの間には、タラちゃん（タラオ）という男の子がひとり。サザエさんは、夫の姓を名乗っているが、自分の実家で両親の波平とフネ、弟妹のカツオとワカメ、計7人で同居しているので、実質的にマスオさんは、入り婿状態。だから、『サザエさん』には、マスオさんの実家のフグ田家ではなく、必然的に磯野家の面々が多数回登場するという物語構造になっている。中でも、父・磯野波平は、家族の中に娘夫婦が居るため、かなり複雑に家長たる役目を負っているキャラクターだ。職業は、東京銀座・晴海通り沿いの会社に勤めるサラリーマン。

作者の「波平氏が会社帰りに一杯ひっかけて家路につく」ときのシーン描写、これがまさに「酔っぱらい親父が、十字に紐掛けした折り詰めをさげてふらふら歩く」なのであった。わたしたちが「酔っぱらい親父の折り詰め」を頭の中でイメージするとき、親父の容貌がつい「スーツに浅く被った中折れ帽、丸眼鏡にちょび髭、……たまに頭にネクタイでねじり鉢巻き姿、ハゲ頭の真ん中に、毛が1本」という波平ルックスを取ってしまうのは、このためである。

では、「波平の折り詰め」が、「ポパイのほうれん草の缶詰」（出典：『ポパイ』）、「チビ太のおでん」（出典：『おそ松くん』）、「ドラえもんのどら焼き」（出典：『ドラえもん』）、「小池さんのラーメン」（出典：『オバケのQ太郎』）のように、波平氏だけの定番フードギャグアイテムかというと、それは違う。じつは『サザエさん』を読むと、波平氏以外の登場人物もけっこう「折り詰めをさげてふらふら歩いて、うぃ～」となっているし、逆に波平氏がしゃきっと帰宅する日もあるのだ。また、「自宅の玄関で折り詰めを放置してのびている波平」、「折り詰めをさげて、子供たちと問答している波平」という設定違いの描写もある。が、しかしどうやら、記憶の淘汰作用なのだろうか、それらの画像は薄れてしまい、より印象の強い「酔っぱらい、波平、会社帰り、折り詰め」バージョンに、記憶が収斂(しゅうれん)してしまっているようだ。

このステレオタイプフードが広く流布したきっかけが、4コマまんがの『サザエさん』なら、いまだに流布し続けている原因も、また明白だ。それは1969年以来、日曜日の夕方のお約束として、全国にテレビ放映されてきた国民的アニメ『サザエさん』だ。

まんがが『サザエさん』の連載当初、特に作者の長谷川町子が、福岡から上京して、東京に居を構えて以後に描いた「酔っぱらい親父の折り詰め」という画像は、なにも波平特有のものではなく、当時の東京のサラリーマン世相を反映した「日常的に見かける夕方の飲み屋街の風景」を切り取ったものだったはず。普通なら時代の流れと共に忘れ去られるところを、テレビ視聴者の好評を受けて、アニメが長期化したことで、この夕暮れの風物詩が途絶えてもなお「酔っぱらい親父の折り詰め」は、波平氏という強力なキャラと合体することで、人々の記憶に今なお新しい、というおもしろい現象を引き起こしている。

これは「サザエさん方式」と呼ばれる「作品内の時間を止めて登場人物が年を取らない」という作品構造に依るところが大きい。なぜなら、それに合わせてアニメでもゆるやかにしか風俗を変えることをしないからだ。そんな理由で「酔っぱらい親父の折り詰め」は、まんががアニメ化されることで、人々の記憶に長く残るステレオタイプフードになったと言える。

さて、気になる「波平の折り詰め」の中身を推測してみよう。前後のコマの状況から察すると、だいたい、家族への土産の寿司、またはケーキ、宴席のご馳走の残りを詰めたもの、祝いの席で貰った赤飯などといったところだろう。実際に詰まっているものがどうであれ、この場合、波平氏が、一家の家長であり、3児の父で、義理の息子と同居する、会社勤めのしがないサラリーマンである、ということを考慮しなくてはならない。

ちょこんと結わいた紐の先を持つから、余計にゆらゆらと不安定に揺れる、あの「折り詰め」。あれこそが、フードイコノロジー的に言えば、波平氏の、ひいては世の親父全般が抱えるペーソスのアイコンに他ならない。あの「折り詰め」が、とにかく気になってしかたがない。そんなひとは、きっと「折り詰め」に、時代が移ろいゆくとも決して変わらない男の哀愁を見いだして、深く共感しているのだと思う。

12

スーパーの棚の前で、ふたりが同じ食品に同時に手をのばすと、恋が生まれる

Supermarket Romance

恋物語におけるふたりの出会い、というキーワードで頭の中を検索すると、わたしの場合、やっぱりどうしてもフード絡みのシチュエーションが、一番最初に思い浮かぶ。中でも、大好物のステレオタイプといえば、これ。

「スーパーの棚の前で、ふたりが同じ食品に同時に手をのばす」というフードシチュエーションだ。このパターンは、何作品鑑賞してもおいしいし、結構飽きない。中には、出会う店舗が、郊外のショッピングモールや近所のコンビニ、アップタウンの高級グローサリー、土曜日に立つファーマーズマーケットだったりする場合もあるだろうが、基本構造は同じ。さらに、手をのばしたお目当ての食材が、最後の残りひとつだったりすると、なお一層、話は盛り上がる。さて、同じ食品に手をのばしたあとのふたりの会話は、大まかに分けると、このふたつになる。

＊譲り合いパターン

Ａ「あ……」

Ｂ「ごめんなさい」

Ａ「いえ、こちらこそ」

Ｂ「これ、どうぞ」

Ａ「いえ、あなたこそ、どうぞ」

B「そんな、あなたのほうが早かった」
A「（笑）同時でしたよ」
B「じゃ、ふたりで分けませんか？」

＊取り合いパターン

A「ああっ！」
B「なにするの」
A「こっちのほうが早かった」
B「いや、こっちよ」
A「困るよ、急いでるんだ、譲って」
B「だめ。あ、見て！　たいへん、あそこにUFOが！」
A「え？　そんな馬鹿な」と、Aがよそ見した隙に、パッケージを引っ摑んでレジに走るB。

譲り合いパターンと、取り合いパターン。どちらにも、素敵な恋の予感がするが、「譲り合いパターン」は、最初から、お互いに好感度が高いので、偶然再会したあかつきには、すんなり恋人同士になってしまうのが定石だ。現実社会なら、めでたし、めでたしだけど、これは物語なのだから、波乱が起こらないと、鑑賞者は納得しない。「譲り合いパターン」なら、両思いのふたりの前途には、親の反対、恋敵、病気、事故など、など、これでもかと障害が立ちふさがり、ラストは悲恋……というのが、王道展開ではないだろうか。

逆に、「取り合いパターン」の王道展開は、こんな筋立てだろうか。第一印象がお互い最悪、そんなふたりが偶然再会した日には——いや、現実社会では、まず起こらないけど、これはお話なので、「必ず」偶然再会してしまうわけで——顔を合わせた途端、大喧嘩になることは、物語上の必然だ。で、最初はいがみ合っていたふたりが、やれ、雨の日に子猫を拾っているのを目撃した、だとか、やれ、バスでご老人に席を譲った、などと、お互いの素敵部分を発見し合い、もしかしていいやつかも、と見直して、じょじょに惹かれ合い、ちょっとした誤解も解けて、ラストはハッピーエンド……。

食事に「食い合わせがいい」という現象があるように、物語にもそれと似た現象が起こる。「譲り合いパターン」は悲恋結末、「取り合いパターン」はハッピーエンド。基本的に、はじまりと終わりの印象が、逆転するほうが、物語の「食い合わせがいい」ようだ。

最後に、ちょっとフード話から離れ、タイトルの一部を○○に変換して考えてみよう。

「○○の棚の前で、ふたりが同じ○○に手をのばすと、恋が生まれる」

じつは○○部分には、骨董市と掘り出し物、プレイガイドとチケット、旅行会社とツアー旅券など、いろんな状況が当てはまる。フードに萌えがないひとなら、「本屋の棚の前で、ふたりが同じ本に手をのばすと、恋が生まれる」というバージョンあたりのほうが、しっくりくるかもしれない。

あの日、あの時、あの場所で、店の棚にずらりと並ぶ、さまざまな種類の、色とりどりのパッケージの中から、たったひとつ、同じ品に、ふたりが同時に手をのばす……もちろん、冷静な第三者から観ると、単なる偶然なのだが、これは必然で運命なのだ、と確信してしまうのが、いつの世にも変わらない、恋愛のステレオタイプだ。

13

少女まんがの世界では、「温かいココアには、傷ついた心を癒やす特別な効力がある」と信じられている

Hot Cocoa, Alleged Panacea for Broken Hearts

「温かい飲み物を飲んで、心を落ち着ける」という行為は、実生活でもよくあることだ。それを反映してなのか、多様な物語に「好んで」という表現を使っても差し支えないほど、描かれてきたモチーフだ。しかし、どの作品のどこの部分？　と問われると、やはり具体例がぱっとは思いつかない、だけど、確かに記憶にはあるんだけど……という例の典型的なステレオタイプフード現象に陥ってしまう。

　さもありなん。なぜなら、基本的に鑑賞者にはさっくり流してほしい「ながら行為」として、登場しがちなステレオタイプフードだからだ。作者が本当に「魅せたい」部分は、登場人物が温かい飲み物を飲みながら発する細かい表情や重要な台詞だったりするわけで。「温かい飲み物を飲む」のは、魅せたい部分を引き立たせるための、言わばサブ要素。フレーム的に添加されている場合が多い。であるから輪をかけて思い出せないという図式ではないかと。これは、ついさっきまで感動して観ていた芝居で、身振り手振りで決め台詞なんかも諳（そら）んじられるのに、その舞台の緞帳（どんちょう）の柄を聞かれるとぜんぜん思い出せない、という現象に近いかもしれない。

　しかも「温かい飲み物を飲んで、心を落ち着ける」シーンを「何気ない調子で、エピソードに絡めて描くと確実に自然に見える」というような、どうも不文律の画像信仰があるような気がしているのだが、気のせいだろうか。

　さて、世界規模で作品世界に目を向けると、この心を落ち着けるために飲まれる「温かい飲み物」は、特にココアに偏好しているわけではなく、お国柄によって、コーヒーや紅茶だったり、カフェインレス飲料ということで、ハーブティーなんかも見かけるし、与える対象者が子供の場合は、ホットミルクなども人気である。

では、少女まんがの世界ではどうだろうか。もちろん、大枠では前述と同じ傾向であると言える。が、少女まんがの世界では、昔から突出して「温かいココアには、傷ついた心を癒やす特別な効力がある」と信じられているのもまた事実だ。

泣きじゃくる〝わたし〟。

「ほら、これ飲んで、落ち着くから」

横からすっと、湯気の立つ温かいココアのカップを手渡された。

手渡す側は、ママか、姉さん、面倒見のいい友人、憧れの先生、あるいは主人公の意中の男子、などという人物が相場である。

もしくはこんな設定か。

切なくて涙がほろりとこぼれる〝わたし〟。

「……はあ、わたしって、だめな子」

と、独り言をつぶやいて——飼っている猫に話しかけてもいいのだが——ひとりぼっちの部屋で、膝を抱えて温かいココアをする、というのもありだろう。そして、そんなときの天候はといえば、窓の外は冷たい雨、もしくは粉雪の舞う寒い午後、しんと冷え込む星空の夜、あたりがお似合いだ。

ここぞ、というときのココア頼み、と言おうか。少女まんがにおいて、ココアが深く信奉されている理由は、たぶん、1960〜70年代に、テレビでよく流れていたココアのCMの影響が大きいと思われる。当時は最新トレンドのホットドリンクとして、ココアがテレビCMで大々的に宣伝される時代だった。特に商品として強く打ち出していたのが、明治製菓（当時）と森永製菓。また、両社は、まんがをパッケージに印刷した「ニューココア」（明治）、「まんがココア」（森永）も発売していた。明治製菓は、どちらかというとシック路線で、森永製菓は、――現在は、リニューアルされてしまったが――昔のシンボルマークが、「森永のMの字の上に羽を広げて逆立ちした天使」だったこともあり、パッケージにも乙女受けするかわいらしさが漂っていた。

70年代には、秋の風物詩といった風情で、毎年新しい森永ココアのテレビCMが流れはじめ、冬いっぱい続き、春を迎える前に姿を消すという、明確な年間サイクルがあったのを覚えている。で、テレビCMの内容はこんな感じ。木枯らしの吹く寒い季節に暖かい洒落た洋風家屋で――ここはあくまで和室ではなく――みんなが楽しく集まって湯気の立つ温かいココアを飲む、というような。CMの終わりには「ココアはやっぱり森永」というフレーズに、メロディをつけて、やさしく歌い、天使のマークで締めくくるのがトーン&マナーだった。

CMには、客観的に見れば、すでに普通に充分幸福で平凡な昭和時代の少女が、「幸福とはこんな感じなんだろうか?」と憧れる素敵な生活の「印象」が映し出されていた。しかし、それは自分の現実とは地続きのようでいて、よく考えたら決してどこにも存在しない生活だということは、もっと大人になって気がつくことになるのだが、子供はそんなことは考えない。

ココアに限らずテレビCMによって、ステレオタイプ化した画像、あるいはステレオタイプが強化された画像は、気がついていないだけで無数に存在すると考えられる。なぜなら、テレビCMは、5秒、15秒という瞬間でイメージを伝達するのが役目だし、また広告だから、短期間に爆発的な量のイメージをお茶の間に投入することもできる。商品を売るための手段である広告は、食べ物といえど、手加減はしない。良くも悪くも刺激が強烈なのだ。このようなテレビCMの手法には複雑に功罪が絡んでいると思うが、ことあの当時のココアに限って言えば、わりと幸福なリレーションシップだったのではないだろうか。

とにかく、森永ココアは最強に乙女チックで、「ココアを飲むかわいい〝わたし〟」というCMのイメージは、市井の少女の自意識を大いに刺激して、わたし、ココアっていうものを、絶対買って飲む、という消費行動を取らせるに至った。というわけで、少女まんがにおけるココア信仰の根っこは、テレビCM由来であるというのが、わたしの説だ。

ただし、これはあくまで原初的な話である。むろんココアの広告は続いているのだが、以後近年に至ってはむしろ、少女まんが世界の偉大な先達たちの作品内に、断続的に「ココアを飲む」というシーンが描かれることで、継承してきたフード遺伝子だと言える。世代を経てもなお、多分に無自覚的に過去作品から霊感を得て「ああ、こういう心情のときはココアしかない」と、ピンと自分の乙女アンテナに受信した作家だけが、代々受け継いでいる表現なのだと思う。

ちなみに、ココアとショコラショー（ホットチョコレート）は、成分的にはまったく別ものだが、少女まんがにおける癒やし効果という点でいえば、同質と捉えていいと思う。最後に、作品を読むかぎり「温かいココアには、傷ついた心を癒やす特別な効力がある」と深く信奉していると考えられる少女まんが家を、ざっと挙げてみよう。じつは珍しく記憶していて、これぞ少女まんが家と言える、ビッグネームがずらりと並ぶのだ。みなさん、ここぞという場面で、ココアかショコラショーが登場するのだ。萩尾望都（もと）、大島弓子、竹宮惠子（けいこ）、池田理代子、三原順、陸奥（むつ）A子、富塚真弓、榛野（はるの）なな恵、高野文子、谷川史子、よしながふみ、羽海野チカ、中村明日美子……（敬称略）。

14

動物に餌を与えるひとは善人だ
自分が食べるより先に与えるひとは、
もはや聖人並みである

Feeding Animals is Good,
but Feeding Animals Before Oneself is Saintly

世界中で勃興しては滅びていった文明や帝国、王朝には、神話や伝説、伝承、絵画、彫刻、詩、歌といった形で、誰が作ったとも、実話か願望なのかも知れない英雄譚が、語り継がれているものだ。後世の人々は、これらからインスパイアされ、イメージをリミックスしたり、換骨奪胎、暗喩、時に同時代の事件や戦争と掛け合わせたり……といった構築を経て、その時代に必要とされるヒーロー像を連綿と創造してきたのだと言える。

そして、ヒーロー物語の傑作が生み出されると、その後、10年、100年、あるいはそれ以上の年月が経っても風化せずに、人気が衰えないひとつの強い形、ヒーロー像の雛形を新たに生み出すこともある。すでにステレオタイプと呼べるほど強固な雛形となった最近の例を挙げるとすると、こんな感じだろうか。

＊ヒーローは、弱きを助け、強きを挫く
＊ヒーローは、決まり文句を持っている
＊ヒーローは、悪の組織と敵対する
＊ヒーローは、マントを羽織る
＊ヒーローは、仮面を被って素顔を曝さない
＊ヒーローは、ぴったりしたボディスーツを着用する

＊ヒーローは、巨大ロボットの操縦士だ
＊ヒーローは、じつは宇宙人だ
＊ヒーローは、助手として、利発な少年を連れている
＊ヒーローは、ある種の儀式を行うことで、生身から超人に変身して悪と戦う
＊ヒーローは、5人編成のチームで、ひとつに心を合わせ、合体して悪と戦う

さて、日本語の難しいところで、「ヒーロー」＝「英雄」だが、では、「ヒロイン」というと「女英雄」や「英雌」ではなく――そんな言葉もないわけだし――単に「女主人公」というニュアンスになってしまうのだ。ここで言いたいのは「英雄的な大活躍をするヒロイン」ということなのだが、ひと言でいい表す適切な言葉がないのが現状なため、いたしかたないまま話をはじめたいと思う。

1984年公開の劇場用長編アニメ『風の谷のナウシカ』で、監督・宮崎駿（はやお）が描いた「英雄的な大活躍をするヒロイン」は、「肩にかわいい小動物を乗せている」という風体だった。ご存知のように、『風の谷のナウシカ』は、傑作アニメとして、世界中で愛されている作品で、主人公は、風の谷と呼ばれる辺境の小さな国の長の娘として生まれた、少女ナウシカ。好奇心が強く、賢く、心優しい、しかも運動神経抜群のナウシカが、帝国の暗い謀略に巻き込まれながら、古（いにしえ）の負の遺産と自然の「脅威」……と思わせ

て、じつは「驚異」を目の当たりにして、世界を救えるか？　という物語。

女子だってやろうと思えば男子並みに、いや、むしろ女子のほうが世界を救えるかもよ、とばかりに、宮崎監督は、この物語で新しい「英雄的な大活躍をするヒロイン」像を創出することに成功した。その後、ナウシカが、物語世界の各方面に与えた影響は計り知れないのだが、具体的な例をひとつ挙げるとナウシカ以降、「肩にかわいい小動物を乗せている（肩あたりに浮いている、も含む）ヒロイン」――全員がナウシカ並みの英雄的大活躍をするかどうかは別として――というキャラクターが爆発的に増えたということだ。

この現象は、どういうことかといえば、宮崎監督が、ステレオタイプ化するほど強固なイメージを持つ「英雄的に大活躍するヒロイン」の雛形を新たに生み出したということの証明に他ならない。先のヒーローの記述に倣って書き出してみよう。

＊英雄的に大活躍するヒロインは、肩にかわいい小動物を乗せている

さて、ナウシカと後発作品をフード的に見比べてみると、明白な違いがある。後発作品は、明らかに動物に餌を与えている印象が稀薄なのだ。ではなぜ、後発作品に給餌シーンが描かれていないのかといえば、それは作家性に尽きると思う。作家によっては

「餌をあげる行為」は、特に描くには値しない、取るに足らない行為だ。端的に言えば、それはロマンティックではないという判断なのだ。

このように作家性とは、フードにおいても顕著に表れるもので、わたしに言わせれば、この美意識の差異を鑑賞するのが、たまらなくおもしろい。もちろん、中には、この小動物は、妖精のような霊的存在である、ロボットである、だから餌を与える必要がないといったように設定にアレンジを加えてある場合もあるが——それは、その物語の主題からしたら正しい設定なのだろうが——フード的観点から見ると「せっかく肩に乗せるような近しい存在を設定したのに、一緒にフードを分かち合う場面がないなんて」ということにおいて、かなりもったいない損な設定になってしまっていると言える。

美少女が、かわいい小動物の頭をなでたり、キスしたり、抱きしめたり、頬ずりしたり、仲良くじゃれ合う画像は、確かに「絵」的にみて、魅力がある。もちろん、本家・ナウシカもやっている。

しかし、一度でも動物を飼ったことがあるひとならわかるはずだ。動物は、餌をあげないひとには、絶対に懐かない。そう、わたしは、美少女に小動物の頭をなでさせたり、会話させる時間——まんがなら「コマ」、アニメや映画、ドラマなら「秒数」——があるなら、少し削ってでも是非一度はきちんと餌を与えるべき派、を標榜している。

なぜなら、「うふふ、わたしと〇〇（小動物の名前）は、強い絆で結ばれた親友なんだよ」とかなんとか、説明的な台詞と頬ずりだけでは、小動物はまるで少女を飾るためのリボンかピアス程度、アクセサリーのような存在に見え、ふたりの関係性を薄っぺらく感じてしまい、その少女は本当に裏表なく善人なの？　絆の根拠はなに？　と、どこか疑いが晴れない。

宮崎駿作品における最大のフード的特徴は、おいしそうな食べ物がいっぱい出てくるよね、といった漠然としたレベルではない。宮崎監督は「食べさせるべきひとには、ちゃんと食べさせ、心が通じ合わないひととは、決して一緒に食べさせない」という、確固としたフード文法を持つ希有な作家だ。もし、そのキャラクターが善人なら「飼っている動物には、きちんと餌をあげる」……見逃されがちだが、これも宮崎アニメの掟だ。そしてこれは「動物に餌を与えるひとは善人だ」という彼流のアイコンなのである。

ナウシカが、肩に乗せている小動物は、ナウシカの師・放浪の剣士ユパが、腐海で助けたキツネリスだ。初対面のとき、キツネリスは恐怖から、ナウシカの指を嚙んでしまうのだが、「ほら、怖くない」とナウシカになだめられたのを契機に──安心したキツネリスがごめんの印に、嚙み傷を舐めるくだりも、フード的には、血のイニシエーションになっている──ふたりは心を通わすようになり、キツネリスは「テト」と名付けられるのである。

このように、ナウシカとテトは、じつは長い付き合いではない。ついさっき知り合った仲と言ってもいいくらいだ。しかし、腐海の危険な地下世界に墜落し、気絶したナウシカは、意識を取り戻すと、まず最初に連れていたテトにチコの実を食べさせるのだ。しかもそのチコの実は、とても滋養のある貴重な保存食で、ナウシカのことを「姫ねえさま」と慕う、風の谷の子供たちが集めた旅立つ彼女へのなけなしの餞別(せんべつ)なのだから、このフード設定の細かさには、うならされるばかりだ。

この場合、チコの実は、親愛のアイコンだ。風の谷の子供たちからナウシカへ、ナウシカからテトへ、さらに言えば、一緒に遭難した初対面の少年・ペジテ市のアスベルへ。物質的には食べたのはチコの実だが、そのじつ、実に託して、親愛の情のバトンタッチが行われるという、作品内でも屈指の麗しい場面でもある。

しかも宮崎監督は、さらにこのシーンを細かく描き込む。遠い地方の出身で当然食文化も違うアスベルは、手渡されたチコの実においしくはないが、栄養になるならやぶさかでないという反応を示して無理矢理飲み込むが、テトは嫌がらずに食べる。ここで三者はフード的には腹の底を見せ合い、仲間になったということだが、アスベルにとってチコの実はあくまで馴染みのない「不思議な味」だという描写に鳥肌がたった。このチコの実に対する二者の味覚差が、以後のナウシカとの関係や距離、ひいては風の谷とペジテの因縁をも暗示していると読み解くことができる。宮崎監督は、フードをもってして、アスベルの白黒とはっきり割り切れない、微妙にグレーという立場を描き出すことに成功している。

地下世界でも、空中を戦闘飛行するときにも、ナウシカの側を離れないテト。そして、彼女に危害を加える人間には、牙をむいて立ち向かうテト。

自分が食べるより先に、テトに貴重なフードを与える、そんなナウシカだからこそ、テトが懐くのだ、これを台詞に頼らず、エピソードではっきり観客に可視化するのが、宮崎監督のフード文法の真骨頂だ。

そしてこれは「自分が食べるより先に与えるひとは、もはや聖人並みである」という彼流のアイコンなのである。

だから、たぶんナウシカが、のちにあのような行動（アニメ版、まんが版を問わず）を取り、今までの仲間と袂（たもと）を分かつのも、すんなりと納得できるのだ。危機的状況で、フードを分け与えるのが善人なら、自分が食べるより先に相手に差し出せるのは聖人である。これほど万人にわかりやすい、深い倫理の物差しはない。

ナウシカの師・ユパも、旅の相棒のトリウマの背から降りるとすぐに水を飲ませる算段をする。

『もののけ姫』のアシタカも、早駆けさせたヤックルの背中から降りるや否や、自分のことはさておき、即ヤックルに水を飲ませている。

『魔女の宅急便』の主人公の少女キキは、飼っている黒猫ジジにも食事を作り、同じテーブルで一緒に食べる。

それから、『天空の城ラピュタ』では、いろいろあって昨晩から何も食べていないはずの子供ふたり、主人公の少年パズーと少女シータは、何と自分たちの朝ご飯を食べる前に、小鳥に餌をあげるのであった。

動物に餌を与えるひとは善人だ。

自分が食べるより先に与えるひとは、もはや聖人並みである。

じつはここを省かずに必ず可視化するのが、宮崎駿一流のステレオタイプフードに他ならない。

15

男前が水道の蛇口から、
直接水を飲んでいると、
かわいこちゃんが話しかけてくる

When a Hunk Drinks Directly from the Tap,
He's Sure to be Hit on.

生きとし生けるものにとって、水場は特別な場所だ。以前観た野生動物のドキュメンタリー番組で、驚くべき光景を目撃したことがある。普段、草原には猛獣が生息し、水場を狩り場にしている生物もいる環境であるにもかかわらず、乾季でひどい干ばつに見舞われると、わずかに残った貴重な水場が、ある種の緩衝地帯になったのだ。さまざまな動物が種の捕食関係を超えて、適当な距離を保ちつつ、ある意味仲良くとも呼べるような状態で、水を飲みに来ていた。水は生命の源だから、極限状態ではそのような不思議なことも起こるのだろう。さて、こと人間の、物語の場合はどうかというと、水場は、出会いの場として採用されることが多いようだ。

時代を遡ると、水場の出会いは、ギリシア神話にも登場する。泉の水を飲もうと水際に身をかがめたナルキッソスは、水面に映った美しい青年に恋い焦がれて、ついには水仙の花になってしまったという、ナルシストの語源にもなった有名なお話……ナルキッソスは、水場で自分自身に出会ってしまったのだ。

また、アフロディーテの息子で、美少年のヘルマフロディトスは、泉の水際でニンフのサルマキスに見初められる。彼が水浴びをしているときに、サルマキスが無理矢理抱きつき、離れたくないと神に祈ったため、ふたりは融合し、両性具有の体になったのだという……そう、ヘルマフロディトスは、水場で狂信的な恋の亡者に出会ってしまったのだ。

水場で起こるロマンスは、日本の古典文学にも発見できる。冒頭の「昔、男ありけり」で有名な『伊勢物語』の一話「筒井筒」。これは、幼子の時分、井戸のまわりでよく遊んだ幼馴染みの男女が、年頃となり、井戸に掛けた恋歌を交わすことで、初恋が成就するという話。

そして、現代のもっとも一般的な水場といえば、水道周辺なのだが、こちらもなかなかだ。

部活を終えて、喉がからからに渇いた彼は、さらりと髪をなびかせながら、校庭の片隅に向かってゆるく駆け出した。

そこには、コンクリートで塗り固められた水飲み場があるのだ。

彼はきゅっと蛇口の管を指で摘んで上に向け、栓をひねる――いや、管は下向きのまま、彼のほうが腰をひねった中腰の体勢で、顔を仰向けるのも捨てがたい構図だが――とにかく、蛇口からは、勢いよく水が吹き出したとしよう。

額から首筋にかけてきらめく汗をまとわせた彼が、蛇口に身をかがめ、ほとばしる冷たい水に口をつける。

硬質な喉仏の線がごくりと動き、水を数回嚥下した。

そのとき、すっと目の端に影が過(よぎ)った。

ふと、目線をずらすと、暮れなずむ校庭にスカートの長い影が落ちていた。

文字どおり水も滴るいい男な彼は、手の甲で口元を拭いながら、ゆっくり身を起こしてひと言。

「俺に何か、用？」

「話があるんだけど、今ちょっといいかな？」と彼女は顔を赤くしながら切り出した。

もちろん、このあとは彼女の告白シーンへと続くわけだ。

「男前が水道の蛇口から、直接水を飲んでいると、かわいこちゃんが話しかけてくる」のである。

この〝かわいこちゃん〟が、

＊先のように対等な口調なら、それは同級生

＊敬語で「先輩……お話があります」というフレーズが入れば下級生

＊「〇〇様、わたくしにお時間くださいますこと？」と不思議な丁寧語を使う場合は、たぶん大富豪のお嬢様設定

＊「うふん、君、こっちに来て」なら、男子生徒を誘惑する色っぽい女教師だろう

＊「ねえ、ちょっと、顔貸して」なら、ヒロインの女友達が誤解して、彼に怒鳴り込む、という設定かもしれない

とまあ、このような感じで「水飲み場の声かけシチュエーション」の微妙なバージョン違いを、今までに何度見かけたことだろうか。しかし、やはり具体的にはどの作品かと問われると、またもや思い出せないという、典型的なステレオタイプフード現象が起きてしまうのだが。取りあえず、学園ものの設定でお話ししたが、わたしの一番古い「水飲み場の声かけシチュエーション」の記憶は、じつは、１９６０年代から70年代にかけて、頻繁にテレビ放映された西部劇だ。これらは、本場アメリカ製やマカロニウェスタンと呼ばれるイタリア製の作品だった。

ある日、砂嵐の荒野から、馬に乗った男前のガンマンが忽然と現れる。

正体不明のよそ者である彼が、町の井戸端に馬を繋ぎ、掘り抜きのポンプ式井戸から汲み上げたほとばしる冷たい水に口をつけ、ごくごくと飲み干す。

もちろん、無精髭には光る水滴。

すると今度は、テンガロンハットに受けた水を、頭からかぶり、気持ち良さそうに身震いをして水滴を振り払う、濡れたシャツがセクシーなのは言うまでもない……とタイミングを計っていた町の女が、彼に声をかけるのだ。

このとき、
＊「ねえ、アンタ、どっからきたの？」……こんなふうにはすっぱな口調なら、かわいこちゃんは、宿屋や酒場を経営している女店主か娼婦というのが定番だし、
＊「こんにちは、わたしはジューンよ、あなたは？」……右手を差し出して、きちんと挨拶をしたなら、堅気のお嬢さんや身持ちのいい未亡人というのが定番だった。

ただし、開拓史時代のアメリカ西部が舞台だから、水は命綱。蛇口をひねれば、すぐに水が出てくる現在とは違い、今よりずっと水場の所有権には敏感なのである。西部劇で、よそ者のガンマンが不用意に水場に近づくことは、この町のボスの縄張りに敵が侵入したことの暗喩でもあるのだ。なので、当時の印象では、半々くらいの確率で、かわいこちゃんの代わりに、どこからか湧いて出たその土地の下っ端ならず者に絡まれ、水場でちょっとした乱闘騒ぎに発展したような。この場合、ならず者はたいてい馬用の水桶に叩き込まれ……そのガンマンの腕っぷしに惚れて、かわいこちゃんが声をかけてくる、あるいは、（わざと）叩きのめされたガンマンに同情して介抱してくれる、なんていう〝ひとつ挟んだ〟展開もありだった。

神話の時代は天然の泉の畔(ほとり)で出会い、地下から水を汲み上げる技術が発明されると井戸端で初恋に落ち、そして、給水テクノロジーの発達した現代、水道の蛇口の前で、か

わいこちゃんは男前に話しかけるのだ。吊り橋を渡るときの不安からくるどきどきをときめきと勘違いして、一緒に渡ったひとに恋をしてしまうという、例の「吊り橋効果」は有名だが、じつは「水場効果」というものも、案外存在するのではないかと思っている。

目立って美しい姿を〝水際立つ〟と言うように、また、物事のぎりぎりの境界線のことを〝水際〟と言うように、水の際は、今も昔も緊張感のある、何かどきどきするような一種独特の美しさをたたえた場所なのだ。なぜなら、人体の約60％が水で構成され、命を維持するために必要不可欠な絶対要素が水であるにもかかわらず、わたしたちは、水の中では呼吸ができず、溺れて死んでしまうのだ。どきどきしないほうがおかしい。そんな理由で時代は変わっても、水場で恋に落ちる設定は、永遠に不滅なのかもしれない。

16

朝、「遅刻、遅刻……」と呟きながら、少女が食パンをくわえて走ると、転校生のアイツとドンッとぶつかり、恋が芽生える

A Girl Hightailing it in the Morning, Last-Minute Toast and All, is Sure to Happen on Her Crush and Fall in Love

通称「食パン少女」、それは都市伝説のようなステレオタイプフードだ。

「ママったら、なんで起こしてくれなかったのよ」と文句を言いながら、仁王立ちで、ミルクをごくごくと飲み、片手には焼き立ての食パン。

「もう、本当にこの娘ったら、子供なんだから！」とママ。まあ、これは毎朝のことなんだけどね。

「遅刻、遅刻……」と呟きながら、わたしは口に食パンをくわえて走り出した。すると、曲がり角で、ドンッと勢いよく誰かにぶつかった。

「きゃ、ご、ごめんなさい」

「痛ってえなあ。ったく」

相手は、生意気そうな顔の見知らぬ男の子。同じ年くらいなのに、何その言い方。ちょっとカチンときちゃった。

「あ、謝ったのに、女の子にそんな言い方、失礼よ。よそ見していたほうが悪いんじゃない？」

そしたら、ソイツ、地面をじろじろ見ながら、こう言ったの。

「ふっ、女の子ねえ」

いっけない、くわえてた食パンが地面に落ちてる！　言い返したいけど、顔が真っ赤だよ、恥ずかしい！　って、あ、たいへん！　遅刻しちゃうよ、もう、知らない！

「ちょ、待てよ、お前」って声が聞こえたけど、無視してわたしは走り出した。だけど、あの男の子、誰だろ？　ちょっとかっこよかったかも。うちの学校の制服だったけど、見かけたことないな。何だか気になる。

……このあと、ふたりは教室の朝のHRで再会。なんと男の子は、クラスの転校生だったのだ。

わたしたちは顔を見合わせた途端、同時に叫んだ。「あ～今朝のアイツ‼」

第一印象が最悪なふたりの恋物語が今はじまった。


……とまあ、ここまで書き進めてみたが、これは実在する少女まんがの展開を書き起こしたのではない。わたしの脳が一番ステレオタイプだと信じる一番強い筋を繋ぎ合わせた「食パン少女」の展開で、まったく何も見ずに空で書いた架空のものだ。たぶん、少女まんがでよく見かけるとされる「食パン少女」も、だいたいこんな感じの展開で、大筋ではまあこんな感じだと同意していただけるのではないだろうか。「食パン少女」は、この本の読者のみなさんも部分的には自分のイメージと違うという箇所はあっても、大今となっては、「昔の少女まんがのお約束展開でしょう？」と言われるほどのステレオタイプぶりだが、その認識はかなり間違っていると言える。

たとえば枝葉を省き、「四角い食パンをくわえて走る少女が、道で男子とぶつかり、再会して恋に落ちる」という話の骨子だけを取り出しても、そのものズバリの場面には、いまだお目にかかっていないのだから。60年代の少女まんがが好きで、わりと読んでいるほうだと思うのだが、思い当たらない。少女まんがのラブコメディもの、70年代の「乙女ちっくまんが」群、もしくは画像ではないが「小説ジュニア」や「コバルト文庫」などの少女小説、少年誌の70年代ラブコメまんが……たぶん初出が見つかるとするなら、このあたりの作品群のはずで、機会があるたびに、まんが読みの方々などにも「初出を覚えてる?」と聞いてみるが、決定的な作品は、今のところ該当がない。ちなみに、朝食が食パンである、走って登校する、他人とぶつかる、転校生を好きになる、といったようにもっと細かく切り分けたシーンなら確実に存在するのだが。

敢えて「食パン少女」が、はっきりと描かれている初出を挙げるなら、1989年に連載開始とかなり時代を下った『サルでも描けるまんが教室』(相原コージ、竹熊健太郎 共著)になってしまう。この通称「サルまん」は、さまざまなジャンルのまんが手法を、大胆不敵に解剖したメタギャグまんがの金字塔だ。この本の中で、少女まんがの典型的な出会いのシーンとして、「食パン少女」が登場する。ただし、「サルまん」では「食パン少女」はすでに、よくありがちなパターンとして紹介され、本書で言うところの「ステレオタイプフード」に近いニュアンスとして扱われているのだ。当時、わたしも「サルまん」を読んで、既視感が半端なかった。そうそう、これ、よくある！　と確かに思ったのだが、じゃあ、何で観た？　と記憶を探っても、具体的な作品をまったく思い出せなかったという、とても不可思議な体験をしたものだ。

そして、さらに記憶に新しいのが、1995年、大ヒットアニメ『新世紀エヴァンゲリオン』のテレビ版最終回だ。このアニメの中で「学園ラブコメにありがちな出会いのパロディ」として「食パン少女」のシチュエーションを、エヴァの超人気キャラふたりに当てはめて、印象的に描いたことにより――監督の庵野秀明が、少女まんがにも造詣が深いことは、のちに有名になる――完全に定着してしまった、という流れではないかと考えられる。

つまり「食パン少女」とは、相原コージと竹熊健太郎という希有な才能を持つ、まんがを熟知したふたりが、少女まんがのエッセンスをあまりにもうまくブレンドしたために生まれた類い稀なる芳香を放つフレーバーのようなもの、確たる原形を持たない精緻な幻影なのではないか。

さらに図らずも、天才アニメクリエイターの庵野監督が、こともあろうに90年代最強の萌えアイコン・綾波レイを動かして――この場合、わたしが冒頭で披露した女子が読んで気持ちいい、ヒロイン目線で進む少女まんがが的な筋書きとは対照的に、食パンをくわえた少女・綾波のほうが「美少女の転校生」というひねりが入り、ぶつかるごく普通の男子＝碇（いかり）シンジに感情移入して観て気持ちがいいという、少年誌のラブコメまんが的目線にシフトし直されていて、しかも現実ではなく、シンジ少年の妄想であるのだが――動画的補完計画を完了した結果、世にも稀なるステレオタイプフード「食パン少女」が、生み出されたのではなかろうか、ということなのだ。

もしかしたら今後、過去の膨大な作品群の中に、「食パン少女」をネタではなく、作家が「わたしが思いつく限りの最高素敵設定」として、ちゃんと大真面目に素で描いた1編が見つかるかもしれないが、それはかなり難しいだろう。そしてもはや、物語世界で都市伝説と化した「食パン少女」は、止めようもなく、「口裂け女」や「トイレの花子さん」のように、ネタ化という進化を遂げながら、人々の記憶に、多様な画像作品の端々に、点在し続けていくのだ。

さて、ではなぜ「食パン少女」設定は、こんなに人々を惹きつけて止まないのだろうか。大切なのは、この点のフード分析だ。食パンくわえて走るようじゃ、「ママ」も言っているようにまだまだ子供、この場合、食パンは「この娘は、まだ恋を知らない」というアイコンになっている。あの食パンは「わたしは恋を知りません」と口から札を下げているようなものだ。

色気より、食い気。じつは「食パン少女」とは、恥じらいを知らない無邪気な子供が恋を知り、乙女になる瞬間を、鮮やかに切り取ったステレオタイプフードだ。

「まだあげ初めし前髪の　林檎のもとに見えしとき」、島崎藤村の詩「初恋」ふうに言うなら、「食パン少女」は、「まだ食べ初めし食パンの　くちびるのもとに見えしとき」な状態である。では、一体少女は誰のためになら、前髪をあげるのか？　いや、食パンをくわえて走らなくなるのだろうか？

食い気より、色気。もちろん、答えは、好きな男のために決まっている。少女が、食パンを落とした相手に恋をしてしまうのはそのためだ。そういえば、昔、フランソワーズ・アルディの「もう森へなんか行かない」という歌があった。「もう食パンなんかくわえない」……たとえ、この恋が失恋に終わったとしても、少女が食パンをくわえて走ることは、永遠にないのだ。なぜなら、彼女は恋を知ってしまったから。「食パン少女」は、最高にロマンティックなステレオタイプフードだ。

17

アクションものに、シャンパンタワーが登場したら、派手にぶっ倒される

Champagne Towers are Bound to Topple Over

物事には、予め、決められた運命というものがある。こんなことを言うと運命論者かと思われそうだが、実生活のことではなく、ここで言う「決められた運命」とは、物語世界でのお話だ。現実世界に神が存在するかどうかは、さて置き、物語世界には、運命を司る神が確実に存在する。その物語の創造主である「作者」が、すなわち「神」なのだ。

ただし、映画やドラマ、アニメなどはちょっと複雑で、原作がある場合は、その原作者、原作を台本に起こす脚本家、監督、プロデューサー、力関係上強ければスポンサーや役者が主導権を握る場合もあるようなので、たぶんに多神教的状況で、「神々」といった複数形のほうが正しいのかもしれない。そして、このような世界は、今や無数に点在しているのだ。わたしたち鑑賞者側からすれば、眼前にコンテンツの銀河とでもいうべき、それぞれの物語が並列にずらりと並ぶ平行宇宙が広がっていて、鑑賞者はおもしろそうと思う物語を選びとっては覗き見る、という行為を繰り返しているという状態だ。「物語」からすれば、鑑賞者は、ＳＦでいうところの多元宇宙を縦横無尽に横断する意識だけの存在、謎の宇宙生命体のようなものなのではないだろうか。

さて、「神」が創りし、これらの平行宇宙をとりとめもなく彷徨していると、ふと気がつくことがある。それはさまざまな宇宙で、繰り返し登場する演出が存在するということだ。それらの演出をフード関連に特化して取り上げるのが、この本であり、総称して「ステレオタイプフード」と呼んでいる。本章は、主にアクション島宇宙、あるいはコメディ星団において、顕著に見かけるステレオタイプフードの話をしたいと思う。

ざわざわと賑やかなパーティ会場、画面はすうっとシャンパンボトルのワイヤーキャップを外す給仕の手元をクローズアップする。

と同時に、「コルク栓を勢いよく跳ね上げる炭酸ガスの軽やかな音。まんがなら、オノマトペで「ポンッ」と描き文字が入るところだ。

給仕がボトルを傾けると、華やかな歓声と共に、瀟洒な照明に照らされて、光きらめく泡がボトルの口から流れ出る。

金色の泡は、注がれたグラスからさらに流れ出すと、画面が滑らかに引いていき……するとシャンパンは、すでにその下のグラスにも溢れ出していて……とここでさらにぐんっと画面が引くと……鑑賞者にも給仕の作業の全容がやっと見て取れる。

なんと、給仕は脚立に乗っかり、全長3mにもなろうかという、巨大なシャンパングラスのピラミッド「シャンパンタワー」の頂点の1個に慎重な手つきでシュワシュワと泡立つ液体を注いでいたのだ。

シャンパンは2段目、3段目と順次溢れ出しては、次々と下段を浸水していき、ついには最下段まで満ち、人々の歓声が最高潮に達したまさにその瞬間。

「シャンパンタワー」は、もちろん、ガラガラガッシャーンとぶっ倒されるのである。

というか、ぶっ倒されねばならない。倒壊のタイミングは、塔を積み上げる作業中、最後の1個を載せたあたりか、あるいは塔が完成し、2、3人の着飾った客がシャンパンのグラスを手に取ったあたり、というバリエーションがあるにしてもだ。なぜなら、この場合、「シャンパンタワー」は、予めぶっ倒されるためだけに、「神」によって存在を許されているのだから。でなければ、「神」が、パーティ会場に——映画やドラマなら用意に余計な経費がかかるし、まんがやアニメなら作画に大変な手間がかかる——「シャンパンタワー」をわざわざ出現させるはずがない。

「シャンパンタワーが登場したら、派手にぶっ倒される」

ではなぜ、シャンパンタワーなのか？　といえば、その構造体が最高に不安定だからだ。薄いガラス製のグラス同士は、接着されているわけではなく、ただ、バランスよく慎重に手作業で堆く積み上げただけ。このような集積物に、さらに流動する液体を注ぐわけだから、視覚的にも危なっかしいこと極まりない。しかも美しく光を乱反射する金色の発泡液で満たされたガラスのピラミッドは、さながら逆さまに置かれたシャンデリアのようにも見えるきらびやかさ。また、シャンパンタワーは、ハレの席で執り行われる衆人が注目するような余興なので、自然と鑑賞者の興味をも惹く演出になる。

さらに最大の肝は、シャンパンは食べ物(シャンパンは一般的には飲料という分類だが、広義で可食できる物質という意味で)だということだ。とにかく、ひとは食べ物が無駄にされる現場を見ると、必要以上にやきもきして、ああ、もったいないと感じてしまうものだ。覆水盆に返らず、という言葉があるが、一度ぶっ倒されたら、シャンパン、グラスに返らず。これが本当のすべてが水の泡である。

この場合、シャンパンは、フード界のダイヤモンド＝最高に高価な贅沢品＝虚飾というニュアンスのアイコンを背負わされていて、「善良さ」のアイコンとしてしばしば登場する「必要最低限の主食とおかず」的な生活に密着した食べ物とは、対極に置かれている。なので、食べ物を粗末に扱ってしまうという罪悪感もかなり薄れ、つまり、自分には関係ないパーティのシャンパンタワーがぶっ倒されたら、鑑賞者はスカッとしてしまうというからくり。ちなみにシャンパンのバリエーションには、あまりにも高すぎる豪華な数段飾りのケーキがある。これが登場したら、要注意だ。やはり必ず倒壊する運命を辿るはず。

しかし、とにかくこれがすべて水泡に帰してしまったら、最高にもったいない状況になるというのは確かだ。シャンパンタワーを盛大に倒せば倒すほど、粉々に砕け散るグラスの質感が花を添え、作品にゴージャス感を演出してくれるというものだ。だからこそ、無条件に他人事としておもしろい。また、ピラミッド形自体は非常に安定性のある構造だが、それがガラスという落としたらすぐ割れてしまう脆い素材で形作られているというアンバランスさも魅力的で、ついちょっかいを出してしまいたくなる誘惑に駆られる。これはもう、いたずら盛りの幼児の目の前に積み木のお城を建てるようなもので、壊してくれと言わんばかりのお膳立てではないか。

そして、シャンパンタワーをぶっ倒すのは、こんなひとたち。

＊追われるヒーローがアクションの一環で、盛大にぶっ倒し、悪漢を巻く

＊スパイがこっそりぶっ倒し、ひとの気を逸らした隙に、要人をナイフでひと刺し

＊仮面とマントの怪人が、高窓のカーテンロープに掴まってターザン風にぶっ倒し、美女を攫（さら）う

＊ブラックコートにサングラスのギャングが、突如乱入し、銃を乱射してぶっ倒す

＊コメディなら、へべれけに酔っぱらった場違いなおっさんが、千鳥足で寄って来て、倒しそうで倒さないを繰り返し、おおいにハラハラさせた挙げ句、結局盛大にぶっ倒す、とか

もしも、アクションかコメディものの物語で、ぶっ倒されることだけがレーゾンデートルであるシャンパンタワーが登場したにもかかわらず、災厄がするりと通り抜け、何

事も起こらずに、人々が無事に乾杯を済ませたとしたら、どうだろうか？　そんな馬鹿な、「神」は、我々を見放したもうたのか。ひと言で言えば、味気ない。それこそ、気の抜けたシャンパンみたい。

18

カーチェイスで、
はね飛ばされるのは、
いつも果物屋

The Fate of Fruit Markets in Car Chases

派手なカーチェイスは、アクション作品の華だ。特に、映画やテレビドラマ、アニメなど、動画作品の場合はなおさらで、煽り文句も「前代未聞のカーチェイス‼」「大迫力の爆走シーン‼」などと勇ましい。もちろん、製作サイドも工夫を凝らして、斬新な画面構成を心がけるわけだが、やっぱりここでも、ステレオタイプなフード表現に、お目にかかることができる。

「カーチェイスで、はね飛ばされるのは、いつも果物屋」

このフードシーンの特徴は、舞台が世界中に散らばっているところだ。

＊アメリカ・カリフォルニア州の、オレンジ売りのワゴンはもとより、
＊イタリアのメルカートでは、ブラッドオレンジの露天商が、
＊フランスなら、石畳の歩道沿いのレンガ壁にずらりと木箱を立てかけた昔ながらのマガザン ド フリュイ、
＊アジアの荷車式トロピカルフルーツ屋台もご多分に漏れず、
＊中近東やアフリカに飛べば、白いテントを連ねた大バザールの西瓜（すいか）売りに至るまで……

数多の果物屋が、アクション作品の中で、そしてたまにコメディ作品の中でも、こと

ごとく「カーチェイスではね飛ばされる」という被害に遭遇している。たいていの場合、果物屋は、道路にはみ出した荷台に果物を山盛り積んでいて、街中なら交差点の角地、市場なら通路の端のお誕生日席などに面し、いかにもはね飛ばすのにうってつけな好立地に設定してあるものだ。だけど、現実世界での果物屋の立地もそんな感じなので、作品世界の中に落とし込んでも、不自然に見えないから、まず使い勝手がいいのだろう。

では、立地以外で、何がこの「果物屋人気」を支えているのかと考察すると、「ほとんどの果物が球体である」という事実に突き当たる。球体は、あらゆる立体の中で、もっとも転がりやすい形だ。しかも、果物の皮は脆く割れやすい、果肉はほぼ水分、果汁の色はカラフルだったりグロテスクだったりするし、血の色に似た赤い果汁も多い、という点も見逃せない。余談だが、そんな理由で扱う商品が類似する「八百屋」も、はね飛ばされる相手として、重宝されていると考えられる。

前述のように、果物には、転がりやすく、割れて中身が飛び散りやすい、飛沫はまるで血のようだ、という特徴があるので、果物屋をぶっ飛ばすと、あっ擦ったかな？　くらいの軽度な衝撃でも、画像的には充分派手な結果が得られるというのが、この設定を優秀なステレオタイプフードたらしめている所以だ。

ここで、「果物屋をはね飛ばす側」の事情もみてみよう。

＊敵に襲われ危機一髪、すんでのところで、車に飛び乗り急発進、振り返ると、やつらも車で追ってきた

あるいは、こんなふう。

＊目的地に向かって走行中、突然、正体不明の黒塗り車に急襲されて、抜きつ抜かれつ、アクセル全開

で、まずはご挨拶とばかりに、それぞれ、どかんと派手に果物屋をはね飛ばす、というわけだ。

そう、あくまでこれは「ご挨拶」、序盤の手はじめ。たわいもない、ということが重要なのだ。なぜなら、その裏には、最悪の事態や最高の見せ場、最新鋭のカーアクションは、（まだ）ここでは発動させたくない、それは作品の山場にとっておきたい、というシナリオ的な事情があるからだ。

しかも、はね飛ばす役は、悪人だけじゃない。善玉の主人公側がはね飛ばす場合だってある。その場合、鑑賞者が感情移入できなくなるような「悲惨な事故」ではだめで、善玉の主人公側が悪人に見えないよう、何かシナリオ的な配慮が必要になる。だから、人間や動物をはねるかわりに、罪が軽い果物をはねるというわけだ。標的はあくまで果物。この場合、果物屋はある意味「不死身」。店員連中が死ぬといった事態は、物語の

中では決して起こらない。そして、このシーンと対になる「ステレオタイプワード」は、これに決まっている。

＊果物屋の親父さんが、四方に転がった果物を見回しながら、頭を抱えてひと言。

「なんてこったい！」

もしくは、

＊女将さんが、頭に当たって割れた西瓜の汁をしたたらせ、拳を突き上げてひと言。

「なにするんだい！」

これは「よかった、死んでない」と観客に確認させると同時に、果物屋の惨状を「微笑ましいギャグシーン」にすり替えてしまう、一石二鳥の魔法の言葉である。このひと言のおかげで、わたしたち観客は、主人公を善玉と認識し、心置きなく今後の展開に感情移入できるというわけだ。

19

張り込み中の刑事の食事は、いつもあんぱんと牛乳だ アメリカでは、ドーナツにコーヒー、またはハンバーガーかホットドッグ、それにコーラがつく

Coffee with Doughnuts,
Cola with Hamburgers and Hotdogs,
or,Why Detectives on Stakeouts Always Have
Sweet Buns and Milk

「チームで何かを成し遂げる、または挫折する」という物語構造において、そのチームを構成する最小単位が「ふたり」だ。編成が3人、4人と増えていけば、それだけいろんなキャラクターに振り分けて色付けしなくてはいけない。

たとえば、5人チームの物語を絵に例えるなら、ひとつの画面を色鉛筆5色を使って、赤、青、緑、黄、ピンクとバランスよく塗り分けるようなもので、メンバーが増えれば、それだけ6色、7色と塗る色が増えていくことになる。ここでちょっと、5色、12色、それから50色、100色の色鉛筆がずらりと並んだ箱を思い浮かべてみてほしい。5色箱なら、赤の隣は青だが、色鉛筆の数が多くなるにつれ、12色を超えたあたりから箱全体がゆるやかなグラデーションに見えてくるはず。50色、そしてついに100色になれば、たいへんなめらかなグラデーションになってしまい、隣同士の色鉛筆は、赤の隣は朱赤、その隣はポピーレッドなどと、ほとんど区別がつかないくらいの微妙な色の差でしかなくなっている。

この例からもわかるように、ある物語内で、チームメンバーを描き分ける場合、それにふさわしい適正な人数というものがある。つまりあまりメンバーが多すぎると、色が似すぎてしまい、いわゆる「キャラがかぶる」という状態に陥ってしまうということだ。そうなると、鑑賞者は混乱してしまい、「あれ、見分けがつかないよ。どっちかひとり、いらないんじゃない?」となってしまうのだ。

逆に2人編成の最小単位のチームなら、2色で画面を塗り分けるということだから、たった2色しか使えない、とこれを制約と受け取るより、好機と捉え、はっきりと対比を打ち出した色使いにすれば、むしろ効果的に物語を語れる。たとえば、赤と緑、黄と紫、オレンジと青、といったような正反対の色、ある意味ハレーションを起こしてしまうくらい鮮明な「補色」関係にあるキャラクターのほうが、この場合よく映える。

きれいすぎず、汚なすぎず、ごく目立たない一般乗用車に乗り込んだ2人組の男たち。刑事ドラマの張り込みに登場する「2人組の男たち」は、だいたい以下の2パターンが多いようだ。

ひとつめのパターンは、師弟。上司と部下の組み合わせである。ひとりは、年の頃なら中年か初老、経験を積んだベテランの男、そして、もうひとりは、ひと目で新米とわかる、頼りなさそうな、あるいは血気盛ん過ぎるか、もしくはごりごりに頭が固いタイプの若者。たいてい、年かさの男は、やまさんとか、ちょうさんとか、おやっさんとか、尊敬や畏怖、あるいは敬愛の念がこもった名前で呼ばれ、若造は、単に名前を呼び捨てにされているか、過去のちょっとしたドジを揶揄(からか)ったようなあだ名で呼ばれていることが多く、年の差があるこのふたりは、ジェネレーションギャップを抱えている。ちなみに海外の吹き替えドラマの場合、若造への呼びかけは「おい、ひよっこ」が定番だ。

ふたつめのパターンは、ライバル。ふたりの関係は、警察学校時代の同期生とか、幼馴染みで――例えば、大卒と高卒のふたりが同期などと、多少年が違う場合もあるが――ほぼ同い年同士の組み合わせというのが鉄板だ。年齢は、同期同士で組むのだから、学校を出たての若造同士というのは現実にもあり得ないので、だいたいは仕事もやっと板に付いてきた中堅どころという年齢で、若くても20代後半（これでも実際は若すぎるが、そこはお話なので）、30代が主流といったところだろうか。ひとりは、野性的で熱血な性格、ラフな恰好を好み、女にフラレてばかりいる、育ちの悪いガキ大将タイプ。そして、そいつの相棒は、紳士的で冷静な性格、洒落た服装の、育ちの良いおぼっちゃまで、女にもやたらモテる優等生タイプ。といったように、年が近い分、正反対な性格と生い立ちにしたり、ボンクラとエリートという組み合わせにしたりというのが、定番だろうか。

性格や容貌にこれら以外のバリエーションがさまざまにあるとしても、刑事ドラマの張り込み現場の2人組は、たいてい、師弟かライバルの2パターン。反対色でハレーションを起こす「補色」な組み合わせが王道だ。

さて、師弟コンビの場合は、ベテランのやり方――それが、経験に裏打ちされ非常に優れているか、長年のルーティンワークで怠惰に陥っているかにかかわらず――に反発する若造という構造を取りつつ、事件を解決していく過程で、次第に成長する若者とそんな彼をジェネレーションギャップを乗り越えて理解するベテランという構図が描かれている場合が多い。

それから、ライバルコンビの場合は、常に張り合って喧嘩するという構造を取り、肝心なところを「あ・うん」の呼吸で乗り切って、事件を解決していくという、切磋琢磨しながらお互いの成長を促すさまが描かれている場合が多い。

もちろん「張り込み」の場面が登場するのだから、ジャンルとしては、警察を舞台とした犯罪ものやミステリーものなわけで、物語の本筋は「犯罪を暴いて犯人を逮捕できるか否か」ということだが、それと同じくらいの比重で、刑事2人組のチームとしての葛藤や成長、友情、信頼が重要なモチーフとして、描かれている。

なぜなら、だからこそ、の2人組設定なのだから。繰り返し述べるが、チームものの最小単位はふたり。この数には、古来より何かの魔法がかかっているのかもしれない。2人編成のチームだけを特別に「バディ」「相棒」と呼び習わし、物語では、3人以上のチームものと区別して「バディもの」などと固有のジャンル名になっていることからもわかるように、チームを物語る上で、2人組は、非常に強固なアイコンとして機能する。

しかも刑事が2人で組になるのは、れっきとした「理由」があるので、さらに2人組である正当性が強化される。その「理由」とは、刑事の違法行為（＝ひとりだと勤務中にサボったり、賄賂を受け取ったりをごまかして、上にどうにでも報告ができる）の防止や、突発的な事件に巻き込まれる（＝強盗に遭遇、職務質問中に突然逃走される）のを防ぐためだ。ひとりでは少なすぎ、3人では多すぎる、だから2人……って、まるで数式のように簡潔で美しいではないか。

この運命の「相棒」が、車に乗り込んで、容疑者を張り込んでいるという状況で、もし、どちらかが「あんぱんと牛乳」すら、差し入れることもなく、事件が動いてしまったとしたらどうだろうか？　そのあとに起こるであろう展開……たとえば、大団円たる事件解決や、まさかの〝相棒〟の裏切り、突然の殉職などが、どこか空々しくなってしまわないだろうか？

豪華な晩餐の必要はないのだ。むしろここは、鑑賞者の誰もが食べたことのある、ささやかな、つましい食べ物がいい。「あいつも腹が空いてるよな」と思いやって、どちらかが買ってきた〝いつものあれ〟をふたりで一緒に食べるからこそ、その後の展開にも飽きることなくついて行けるし、深く感情移入できるというものだ。

さて、〝誰もが食べたことのある、ささやかな、つましいフード〟は数あれど、張り込み中の刑事の食事が、いつもあんぱんと牛乳なのは、手軽に食べられる携帯食だからだ。手軽に片手にあんぱん、片手に牛乳、だけど視線は常に張り込み対象へ、というシチュエーションは、食事の時間も取らずに、休まず張り込みをしている、という緊迫感を演出するのにうってつけ。

そんな理由で、アメリカのドラマでは、ドーナツにコーヒー、またはハンバーガーかホットドッグ、それにコーラがつく、といった組み合わせがステレオタイプだ。で、それらはだいたい茶色の紙袋に入っていて、そこから取り出す風情がまた、えも言わずいい。とにかく、いずれの組み合わせも、安くて、栄養があって、腹持ちが良いものばかり。

そして何より、あんぱん、ドーナツ、コーラなど、疲労回復に即効性のある「甘いもの」が組み合わせてあるのも特徴だ。すわっ、犯人がついに動いたぞ、という肝心の場面で、血糖値が上がらず、ダッシュがきかなかったら、それこそたいへんだ。

20

末期の水は、いつも間に合わない

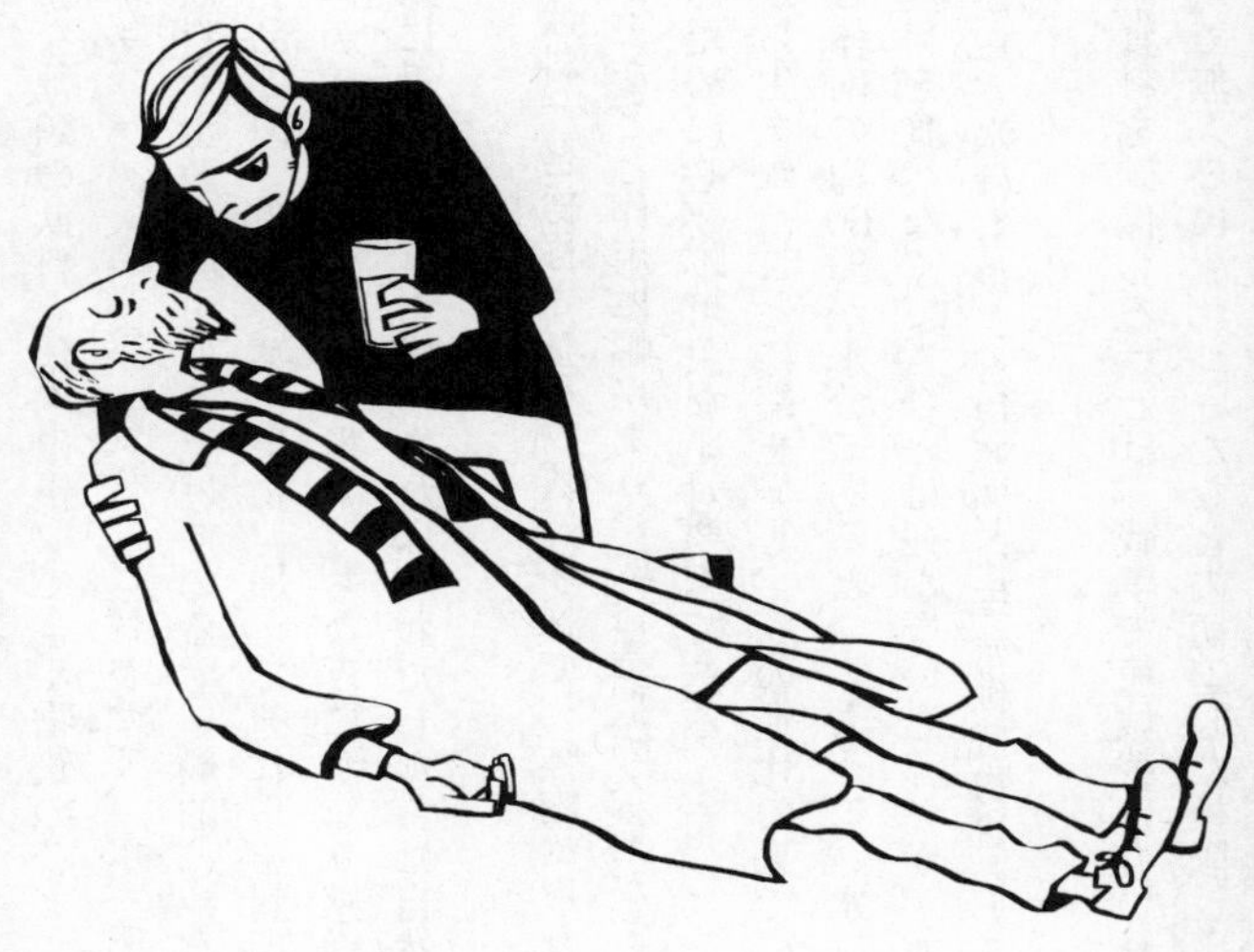

'Water of the Last Moment', a Moment Too Late

水を含め、さまざまな種類の飲料も体内に摂取できる物質のひとつ、ということで、広義で「フード」と捉え、この本では、「食料」と合わせて、水、酒類、ジュース、お茶、コーヒーなど「飲料」全般の話を取り上げている。一般的に「食料」と呼ばれる物質は、穀物、豆、乳製品、肉、魚、野菜、果物、加えてそれらを調理した数々の料理などを指し、形状は固形からゲル状のものを指す。ちなみにかなり感覚的な区分けだが、ゲル状よりゆるく、水に近いさらさら感があれば、わたしたちは自然と「飲料」と認識することになる。

これらの「食料」「飲料」と総称される物質は多様で、体内に取り入れて、益になる、効果不明、害になる……などと作用に幅があり、取捨選択の余地があるのに対し、「水」だけは身体を維持するために必要不可欠な絶対要素である。

すべての生物が水から生まれたことに端を発し、その進化の果てに誕生したわたしたち人類にしても、その体内の約60％が水分であるというように、水は人体を構成する主成分。20日間くらい食料を食べなくてもひとは死なないらしいが、水が飲めなければ1週間と持たないのだから、水はもっとも根源的な生命維持物質と考えられる。「水」は、別格なのだ。

だから、たとえば「食料を確保しろ」とは、戦争で籠城戦にもつれ込む、宇宙船が難破する、あるいは、嵐で無人島に流れついたなどの切迫した極限シーンで、よく発せられる台詞だが、じつはこれでは不充分。正確には「水と食料を確保しろ」でないと、この困難を乗り切ることはできないと言える。

さて、物語世界で、水がアイコンとして、一番輝きを増すシチュエーションを思い起こしてみると、逆説的ではあるが、やはり臨終の場面だろうか。

事故による大怪我、誰かにピストルで撃たれたり、ナイフで刺されたり、自分で毒をあおったり、あるいは、病に侵されての今際(いまわ)の際。

「しっかり。今、水を持ってきます」

「うっ、わたしはもうだめだ」……この台詞のあとには、

＊「お前の出生の秘密を教えてやろう」

＊「この暗号を解く鍵はその絵に隠されている」

＊「真犯人は……う、ううっ（がくり）」

＊「わたしのしたことは間違っていた、許してくれ」

＊「ふふ、あの世から、愛しいあのひとがお迎えに来たわ」

＊「俺の人生に悔いはない」

などと、物語の根幹に関わる大きな秘密を打ち明けたり、惜しいところで打ち明け損なったり、懺悔(ざんげ)をしたり、愛を打ち明けたり、辞世の言葉を述べたりするのが、定番だ。

そして、件の水が到着したところで、その人物は、ついに息絶えることになる。

「しっかり、水だ、この水を飲んで」

もちろん、この運ばれて来た水を飲んで——お互い憎からず思っていたという関係の男女なら、接吻にも似た口移しで飲ませたりして——もうひと息ついたところで果てる、という変形バージョンもあるのだが。

さらに、ステレオタイプとして「末期の水が間に合わない」というシチュエーションが定着したあとには、こんなひとひねりしたものも見かける。

「末期の水が到着したところで、言うこと言って、がくりっと息絶え、周りのみんなが「わあっ」と泣き出そうとした途端、「あ、言い忘れたんだけど、云々」と遺言を語り出し、また、がくりっ。今度こそと泣こうとすると「それから、もうひとつ、云々」と息を吹き返すというシーンを繰り返し、最後には周りのみんなから「いいから、早く死ね」と突っ込まれるといったギャグ。

または、末期の水が間に合わず、がくりっと息絶えて、周りの人々の嘆き悲しむ場面が余韻を残してしんみりと暗転した途端、場面は一転、明るい病室に。

……「いや〜大袈裟、大袈裟、擦り傷。単にお腹が減ってたから目を回したんだってば」などと、息絶えたはずの張本人が陽気に言い放ち、見舞客が「まったくもう」とあきれ果てるといった能天気なオチがつくコメディ調の流れ。

いずれにしても、元のシチュエーションがステレオタイプとして、きちんと定着しているからこそ、この「と思わせてからの、じつは」という展開を笑いに切り替えることができるわけである。

しかし、やはり「末期の水を飲めずに亡くなる」が、基本だ。水はもっとも根源的な生命維持物質なので、それが間に合わないというのは、命が消えることへのひとつの象徴として機能する。間に合っていれば、もしかして助かったかもしれない、いや、助からなくてもせめて水を飲ませてやりたかった、という哀惜と後悔の念がぐるぐると渦巻き、もし助かっていたら、などという詮無いシミュレーションを脳内で延々繰り返し、結果として鑑賞者の心に、この物語がいつまでも残る。

だから、もちろん、瀕死の人のためにコップに汲んだ末期の水は、いつも間に合わない。間に合わないうえに、高確率でそのコップは、取り落とされて「ガチャン」と割れる運命を辿り、今際の際の臨場感をさらに盛り上げることになる。しかし、それでいいのだ。水は、はじめから間に合わないものとして運ばれてくるのだから。

21

フランス料理店では、
いつも気取ったことが執り行われる
たとえば、まともにオーダーできないと
ウエイターに鼻で笑われる

The Waiter Scoffs,
and Other French Restaurant Posturing

基本的に、フランス料理店と呼ばれるのは、フランスという国の伝統料理、もしくは、そのテクニックをコンテンポラリーに展開した料理を専門に食べさせる店のことだ。フランス国内なら、それは自国のことだから、国民からすれば、単に「レストラン」であり、それよりカジュアルなら「ビストロ」と分けて呼ばれているくらいのもので、逆に外来料理のほうを、「イタリア料理店」「日本料理店」などと国名の冠付きで呼称することになる。

まあ、それはフランスに限らず、どこの国の場合でも自国と他国という関係においては、そういう呼称になるわけだが、しかし、画像世界で恣意的に描かれる「フランス料理店」は――その店がフランス国内にあるという設定だったとしても――常に一種独特のニュアンスをまとった存在だ。ひと言で言うと、常にやたら気取っているということだ。

西洋文明の流れをざっとさらうと、神話時代と地続きである紀元前ギリシア・ローマ文明からはじまり、ずっと地中海沿岸地域が、政治・経済のみならず、文化的にも西洋世界の中心だった。長く辺境の地であったアルプス山脈の向こう側……つまりフランスが、現代のフランスに繋がるような国としての体裁を整えてきたのが10世紀頃、そして、食文化方面で勢力を持ち出すのは16世紀のことである。

それは1533年、のちにフランス国王となるアンリ2世の妃として、イタリア人のカトリーヌ・ド・メディシスが輿入れしたことが、ひとつのエポックであったという。年代が、隣国イタリアでルネサンス運動が盛んな時期と重なるのは、決して偶然ではない。カトリーヌの生家・メディチ家といえば、当時勢力を誇った北イタリアの商業都市フィレンツェの支配者だ。フィレンツェは、ルネサンス文化の中心地。ボッティチェリ、ダ・ヴィンチ、ミケランジェロという大巨匠たちを輩出した土地柄で、メディチ家は最大のパトロンでもある。

そのような文化先進地は当然、フード文化先進地でもある。かの地から嫁いできたカトリーヌ・ド・メディシスは、フランス宮廷に、当時最先端の食文化――フロランタン、サバイヨン、フィナンシエ、マカロン、氷菓などさまざまなお菓子の製法をはじめ、食器、カトラリー、テーブルマナーなど――を伝えたということだ。その後、17世紀のフランスは、太陽王・ルイ14世時代に最盛期を迎え、18世紀にロココスタイルの王朝文化で爛熟を極めることになる。そして、食は世につれ、ひとにつれ……フランスの食文化も洗練の度合いを深め、伝説的な美食家やシェフを育み、料理に関する世界的な名著が生まれ、その美味がヨーロッパ中の社交界に伝播し……１７８９年に始まるフランス革命で絶対王政が倒され、共和制になると、その宮廷美食文化は「レストラン」という形で、市民にも広まった。

さらに19、20、21世紀、近代から現代の流れの中で、プロトコル（外交儀礼）やソーシャル（社交）のための晩餐会料理として、世界中に広まり、料理自体が一種の権威を持つようになった。

そう、ここ最近の500年で、料理はフランスにとって、胃袋外交の貴重な担い手として育ってきたのである。相手国の要人が死ぬまでに一度は食べてみたいと願う、噂に高い世界一の美食「フランス料理」。これでもてなせば、相手の胃袋を摑んだ、相手が腹を割った、ということだから、これはもう絶大な外交成果を生み出すというものであろう。もともと閨房外交の手段として、血を繫ぐため、フランス王家へ嫁がされたカトリーヌ・ド・メディシス。フランス革命によって王家を頂点とする貴族社会は終焉を迎えたが、彼女がもたらしたフランス料理の種は、芽吹いて大輪の花を咲かせ、世界に冠たる一大フードムーヴメントに成長したのだから、歴史の気まぐれと言おうか、たいへん象徴的である意味皮肉なことである。

前述のように特異な変遷を経て完成したフランス料理だから、公式の場で「プロトコルフード」という側面が強いのも当然だ。プロトコルフードという言葉はないのだが、この場合、社交と外交を執り行う場面で食べられてきた料理、という意味で使ってみた。

では、やたらと気取った、豪華なフランス料理店が、画像の中にわざわざ場面として設定された場合、一体わたしたちは、そこに何を読み取ればいいのだろうか？　それは、友好は形式的で、内情は丁々発止の騙し合いであるという状況……ここに集ってテーブルを囲んだら、これは一種の社交であり外交だ、お互い気が抜けない、そのつもりで臨め、というアイコンなのである。これはキャラクターたちに、ある種の「優劣」をつけたいときに最適だ。

フランス料理店に颯爽と登場し、ソムリエからワインリストを受け取るなり、「ポール、今日のシェフのおすすめは何？ うむ、ジビエか。なら、ワインはブルゴーニュの赤で。銘柄は任せるよ。ああ、君、その前にシャンパンを持って来てくれたまえ」「あら、わたくしは、シャンパンをミモザにしてちょうだい」などとスムーズにこの場に馴染んでいるなら、これは「優勢なキャラクター」ということだ。

では、「劣勢なキャラクター」は、どう動くのか？

まずは、

フランス料理店の入り口で名前を告げると、

クローク係に怪訝そうに上から下まで目線で値踏みされてしまい、

店のドレスコードにぎりぎり引っかからなかったのか、

しぶしぶ中に通されると、

席へ向かう途中の豪華なインテリアでも圧倒され、
天井のシャンデリアにみとれていたら、
ふかふかの絨毯(じゅうたん)につまずいてよろけて冷や汗、
他にも空席はあるのにトイレの脇の席に案内され、
ほうほうの体でやっと席に辿りついたと思ったら、
今度は自分で椅子を引いて座ってしまい、
接客のリズムを狂わせて給仕をいらつかせ、
さらに注文のルールを知らないから、
ワインリストを手渡されても、
これが料理名なのか？　と戸惑うのは序の口で、
とにかくフランス語が読めず、
すべてにおどおどしてしまい冷や汗が……というように、フランス料理店では、まともにオーダーできないと、まずウエイターに鼻で笑われてしまう。
さらに食事が進むにつれ、
音を立ててスープを啜ったり、
フィンガーボウルの水を飲み干したり、
メインディッシュにナイフを入れた途端、

肉片が皿から飛び出して正面に座る相手の顔を直撃、
平謝りに謝って手にしたナプキンを差し伸べた拍子に、
今度はワイングラスを倒してしまう……というような。
緊張と無知から失態を演じてしまう、といったあたりが、ステレオタイプだ。
それから、
同席者からは、生暖かい憐れみの眼差しで見守られ、
意中の相手の顔は、みるみる曇り、
ライバルキャラからは、失笑が漏れ、
ウエイターには、木で鼻をくったような態度で、
「お客様、ご注文は？」と声を掛けられてしまうのもお約束と言える。

この状況をひと言で言うと、場違いすぎていたたまれない。場の雰囲気に飲まれ、気後れしてしまうことで、「劣勢なキャラクター」であると演出しているのだ。さきほど、「優劣」と書いたが、じつのところはそれは、社交と外交がすべての華麗なる世界のルールに、馴染めているか、違和感があるか、という差でしかない。しかし、ひとたび「世界」を違えれば、この「劣勢なキャラクター」が突然輝き出し、華麗なフランス料理店に象徴される優勢と見えた世界のほうが、一瞬にして色褪せることもあるのだ。そ

う、「劣勢なキャラクター」だからといって、鑑賞者もウエイターの尻馬に乗り一緒になって馬鹿にするかといえば、そうではない。もし、フランス料理店に集う人々を陳腐で中身のない気取り屋だと感じたら、それはあなたが「劣勢なキャラクター」にかなり肩入れしている証拠である。

鑑賞者が、この世界のルールに馴染めない「劣勢なキャラクター」を、

＊「このひとは悪くない」と心情的に庇（かば）うのか、
＊「こっちのほうが普通なんだ」と共感するのか、
＊「なんて田舎者なんだ」といらいらするのか、
＊「まったくもって下品だ」と憤るのか、

それは、キャラクター本来の性格と、それを取り巻くストーリー次第なのだ。

22

イタリア料理店では、いつも間抜けなことが起きる スパゲティの大皿を抱えたウエイターが来たら逃げろ

Italian Restaurant Hijinks, or, Why One Should Always Run from a Waiter Carrying Pasta

前章のフランス料理店に引き続き、本章は「画像作品に登場するイタリア料理店」について、お話ししたいと思う。イタリア半島とフランス料理の関わり合いは、前章で述べたとおりだ。簡単にまとめると、もともと1000年単位で先進していた古代ギリシア・ローマ文明の流れを汲むイタリア半島が、ここ500年で、辺境の後進地だったフランスに食文化で後れを取った、ということだ。もっともイタリア人は、断じて自国が最高だと自負していると思うが……まあ、それはイタリアに限らず、どこの国の場合でも、自国と他国という関係においては、総じて自国料理がやっぱり一番という順位になるものだ。

しかし、「プロトコルフード＝公の外交や社交の晩餐料理」としての観点、それから海外へ進出した自国レストランとしての格付けからいうと、ファストフードのピザ屋をはじめとして、イタリア料理はどこか安くておいしいカジュアルなものとして伝播しているので、やはり、ソーシャルな晩餐料理の分野において、フランス料理もしくはそこから派生したテクニックを基礎にした料理——近年ずいぶん、各国料理、それこそ当のイタリア料理とリミックスされて突然変異を起こしてきたとはいえ——が、今のところ頂点であることは否めない。

さて、イタリアとそれを取り巻く周辺諸国との関係を見ていくと、元祖文明の地VS新興国ということで、日本の県民性比べではないけれど、イタリアのここが嫌い、気に食わない、馬鹿にしている、あるいは逆に憧れるとか、相反する複雑な感情が渦巻いている。日本人には、何ぶん遠く離れた国々のことで、専門の研究者でないかぎり、ちょっと正確には計り知れないところがあり、「奈良と京都」あるいは「京都と東京」、「隣の県とうちの県」などの関係性と同レベルで、比較のニュアンスを体感することは不可能だが、少し思いを馳せてみよう。

たとえば、イタリア半島のラテン民族に、差別意識と憧れのない交ぜになった感情を持つのは、スイスを挟んだひとつ隣、厳格な気質を持つゲルマン民族の国ドイツ。いい加減なイタリア人気質を揶揄する反面、ドイツ人の間では、イタリアはバカンスの滞在地として、常に高い人気を誇っている。

あるいは、海と大陸で隔てられた近隣の島国、じめじめと天気のすぐれない曇天の国・イギリス……ここに住まうアングロサクソン系の国民の、からりと陽気な地中海性気候の南国・イタリアへの強い憧れ。それは、シェイクスピア劇に『ロミオとジュリエット』『ヴェニスの商人』『テンペスト』『オセロ』『ヴェローナの二紳士』など、イタリアを舞台にした作品が多数あることからも察せられる。「うちの町で起こるとは到底信じられないけれど、イタリアなら、こんなドラマチックなことも、あんなロマンティックなことも、きっと起こり得る」ということなのだ。

それから、明らかに揶揄している例なら、これ。1980年代に日本でもカルト人気を得たイギリスのスラップスティックSF小説の大傑作、ダグラス・アダムスの『銀河ヒッチハイク・ガイド』（1979年）に始まるシリーズを挙げたい。ちなみにフードSFの傑作でもあると思っている。ある日、銀河に通すハイウェイ工事のため、一瞬にして取り壊された地球から、偶然にもヒッチハイクで脱出した主人公の眼前で繰り広げられる宇宙の驚異の数々……全編に銀河のようにちりばめられた英国流シニカルギャグは、とにかく抱腹絶倒で、その中に登場する最新最速の宇宙船の動力が「イタリア料理店」なのだった。

　この宇宙船は、船を動かすための演算処理「レストラン数論」を円滑に作動させるために「小さなイタリア料理店が逆立ちしているような」外観で、船の心臓部である中央情報処理室も「イタリア料理店の店内と厨房にそっくり」なのだ。レストランの店内で伝票に書かれた数は、宇宙のほかの場所でほかの紙に書かれた数とは、まったく異なる数学法則に支配されているという数論のもと、長いテーブルには10脚ばかり曲げ木の椅子が置かれ、テーブルクロスは焼けこげのついた赤白のギンガムチェック柄、クロスの上には食べかけのイタリア料理が10皿ほどとグリッシーニの欠片（かけら）や飲み差しのワイングラスが散らばり、それを気のない様子でつつく客、管（くだ）を巻いて崩れ落ちる客、決して守られない予約時間、びっくりチキンの力学的特性など、イタリア料理店特有のドタバタと落ち着きのない状態をして……名付けて「レストラン数論ドライブ」。

一見するとイタリア料理店で、ロボットのシェフや給仕が立ち働き、お客が喰ったり飲んだりしているようにしか見えないのだが、じつは「レストラン数論」に基づいた高度な計算をしているのだという、最高に人を食った設定なのだった。「言われてみれば、そうそう、イタリア料理店ってこんな感じなんだよね」。この可笑しみは、いわゆる「あるあるネタ」で、ステレオタイプなイメージが確立しているイタリア料理店だからこそ生まれる笑いだ。

話は日本に飛んで、任天堂のファミコンソフト「スーパーマリオブラザーズ」。発売された1985年当時――もちろん、日本には「ザ・ドリフターズ」の加藤茶と志村けんという2大人気コメディアンが扮する口髭のおじさん2人組による十八番(おはこ)ギャグ「ヒゲダンス」が下地としてはあったが――なぜ、日本人には耳慣れない「マリオ&ルイージ」というイタリア系の名前を持つ髭の中年おじさん2人組というようなキャラクターを子供向けゲームの主人公にしたの？と少々唐突感があった。あとになって知ったのだが、当時は動かせるビット数が少なくて、大きな鼻と髭がないとどちらを向いているのか、見分けがつかない、という技術的な問題が大きかったということらしいが。しかし、このゲームが、日本のみならず世界的に大ヒットしたのは、この場合、イタリア系のカリカチュアがうまく功を奏し、欧米人には逆に非常に親しみやすいキャラ設定となっていたことが、すんなり受け入れられた一因ではないかと思う。

2000年分の憧憬と羨望と中傷が複雑にない交ぜになった「イタリア」。日本がカリカチュア化されると「ニンジャ、ゲイシャ、フジヤマ、ハラキリ」となってしまうように、現代では「イタリア」がカリカチュア化されると、「陽気で、身振りが大きく、あせあせと、忙しない」というステレオタイプなイメージに集約されるということなのだろう。しかし、ステレオタイプが強固であればあるほど、もしうまくその裏をかくことができれば、おもしろい効果が生まれる。「あれ？　絶対こういう展開だと思っていたのに、ぜんぜん違ってた」……そう、鑑賞者が感じるギャップが大きいほど、物語のインパクトは絶大になる。

ステレオタイプの裏をかくことに成功している身近な例をひとつ挙げるとするなら、この本の挿画を担当するオノ・ナツメさんのまんが『リストランテ・パラディーゾ』（2006年）だ。この作品のイタリア料理店では、あせあせと間抜けなことなんか一切起こらない。だってそこはシェフから給仕、ソムリエに至るまで全員が老眼鏡を着用した素敵な老紳士たちが運営しているのだから。「静かで、所作が美しく、ゆったりと、忙しなくない」、特にウエイターは優雅な動作で料理を運び、ヒロインはひと目で彼に恋をしてしまう……と、見事に従来のイタリア料理店のステレオタイプの裏をかき、新しいイタリア料理店像を構築してみせたのだ。萌えとは、すなわちギャップである。これもまた、ステレオタイプが確立したイタリア料理店だからこそ為せる業なのだ。

とはいえ、このような小粋な例外は稀なことで、画像作品の中のイタリア料理店では、通常間抜けなことが起きるものだ。もし、スパゲティの大皿を抱えたウエイターが登場したら、どうするべきだろうか？

彼が大汗をかいてよたよたと不安定に歩いていないはずはない。

もしくは、絶えず何かに気を取られて、ぶつぶつとぼやいているはず。

じゃなければ、大声でカンツォーネを身振り手振りを交えて歌い、一切足下を気にしていないかだ。

だから、大皿を抱えたウエイターが近づいて来たら、迷わず逃げろ。

必ず、頭から熱々のスパゲティをぶちまけられて、盛大にトマトソースにまみれる羽目に陥るに決まっている。

23
レストランのテーブルで男女が向かい合ったら、それはＳＥＸの暗喩

Dining in a Restaurant As a Metaphor For Sex

カチャカチャ、かしゃん、クスクス、ざわざわ。

BGMは、食器がこすれる音とさんざめく人々の声。かすかに音楽が流れる場合もあり。まんがではオノマトペや記号で表現され、動画なら実際に音が聞こえてくるはず。この状況から、鑑賞者であるわたしたちにも、場所がレストランであると推察される。

銀のナイフでステーキを切り分ける男……血の滴る断面のアップから、一転、真っ赤な口紅を引いた女の顔へ切り替わり……思わせぶりにワイングラスに唇をよせ、ちらりと舌を這わせたあと、ごくりと喉を鳴らして口に含んだ料理ごと嚥下する女……男が先ほどの肉片をフォークに刺して、ゆっくりと歯で嚙みしめはじめる……そして画面がすーっと引くと……そう、件の男と女は、ひとつのテーブルに向かい合って座り、熱い視線を交わしながら食事をしているのだった。

そんな状況を過去に、画像で観た記憶があるはずだ。このようなシーンを観た鑑賞者は、ほぼ過つことなく「あ、この男女は誘惑し合っているな」、あるいは「SEXを誘っているな、誘われているな」、「すでに深い仲になっているな」などと読み取ることになる。この章では、なぜそうなのか？　という理由を考えてみたいと思う。

作品の中でSEXをどう扱うのか、SEXの行為そのものを描きたいのか、描きたくないのか、ということに関しては、非常に作家性が出るものだ。また、作品のテイスト的に、SEX描写は省いたほうが似合う場合もあるし、対象年齢が低い作品だと、法的規制がかかる場合もある。映画やドラマなら、スポンサーやプロデューサーが難色を示したり、スター女優からNGが出ることもあるだろう。確かにこの男女は体の関係がある、そこを変えるとそもそも話が成り立たない、だけどSEXシーン自体は描く必要がない、もしくは描けないといった場合、物語には「SEXを確実に匂わせる」ための、何か画像的な暗喩が必要になる。

そこで登場するのが、男女の食事シーンだ。なぜ、食事シーンがSEXの暗喩になるかといえば、理由はこれに尽きる。すなわち、性欲と食欲は、とてもよく似ているからだ。ふたつの行為を人体的な観点から考えてみると、どちらも粘膜接触だ。たとえば、わたしが今こうして原稿を書いている最中にも、体の粘膜は絶えず働いているのだろうが、普通はオートマティックで無自覚な機能である。自覚的に粘膜を使って、体内に何かを取り込んだり、接触させて、かつ大きな快楽が伴う、という行為って、SEXと食事以外にはないと思う。そんな理由でよく使われるのが、冒頭の「レストランのテーブルで男女が向かい合う」というシチュエーションだ。

……この画像をアイコン的に解釈すると、女の赤い唇と舌は女性器、その唇に飲み込まれる咀嚼物とワインは男の肉体と体液、男が突き立てるナイフやフォークは男性器、切り分けて味わう肉片は女の肉体、を暗喩しているということになるだろう。まあ、改めて文章に起こすのも赤面もの、まさに言わずもがなのステレオタイプだ。

逆に、がっちりSEX描写のある作品でも、しばしば濡れ場の前に「レストランで食事」シーンが挿入される。こちらは、向かい合ってフードを食べ合う行為は、すでにSEXの駆け引きめいて「食事は前戯の暗喩ですから」といったニュアンス。長年の観察結果から述べると、ひとつの作品に「食事」と「SEX」を両方描くと、鑑賞後感が、明らかに食べ過ぎ……かなり胸焼けする濃厚な印象になるのが特徴だろうか。しっかりと重たい肉料理をフルコースで食べたような重厚な印象の作品に仕上げたい場合は、両方描くのは、なかなか有効な演出方法だと言える。

と、ここまで便宜上、男女を前提として書いてきたが、もちろんこれは、女女や男男のカップルでも同様に成り立つ話だ。そんなふたりの食事場所に、レストランが選ばれがちなのは、この場が持つ特殊な空間性のためと言える。銀河のように綺羅星のごとき人々が集う公共の社交場でありながら、テーブルごとに閉ざされた小惑星を形成し、だけど左右のテーブルは覗き見できる距離で微妙な引力が発生する。たとえば、お互いに若い愛人を連れた夫と妻、ひとりの美人歌手を取り合う犬猿の仲のギャングのボス同士など、まずいひとと鉢合わせすれば、隕石にぶつかった級の騒動が起こるかも、という状況もスリリングだ。

さらにテーブルの上と下では、天国と地獄ほど世界が違う。テーブル上ではお固い政治談義をしていても、テーブルクロスの下では、相手の内股を足の指でくすぐったりなどと、どんな悪戯も仕掛け放題。レストランは、あたかも宇宙のように上下左右と全方位的に複雑でねじれた劇的空間を内包している場なのだ。だから、あらゆる組み合わせの色恋沙汰を展開させるのに、うってつけというわけだ。

24
お菓子と果実は
エロスのメタファーとして
食べられる

Sweets and Fruit as a Metaphor For Eros

お菓子と果実は、画像表現において、しばしばエロスのメタファー（性愛の暗喩）に使われている。

たとえば、お菓子ならこんなふう。

＊今にも溶けそうなアイスバーをおもむろに口に銜える
＊丸く渦を巻いたロリポップキャンディをぺろぺろ舐める
＊ぷるぷるのプリンを喉を鳴らしてごくんと飲み込む
＊頬に飛び散った白いクリームを指で拭って口に含む
＊唇の端に付いたチョコレートを舌先でぺろりと舐め取る
＊きれいなデコレーションケーキに人差し指を突っ込んで口に運ぶ

それから、果実ならこんな感じだろうか。

＊じらすようにして皮をむいたバナナを頬張る
＊もぎたての青いりんごを相手に差し出す
＊真っ赤に熟したいちごを口に放り込む
＊歯を立てた途端はじけそうなさくらんぼを唇にはさむ
＊濃密な匂いを放つピンク色の桃にかぶりつく
＊ぶどうの房をシャンデリアのように片手で吊り上げ、喉を反らして房の一番下の粒を

どうだろう、特にアイスバーやバナナ、このあたりは相当ステレオタイプではないだろうか？　また、りんごもステレオタイプなフードモチーフの筆頭と言える。りんごは、ギリシア神話の「パリスの審判」の黄金の林檎＝名誉、諍い（いさか）の象徴である上に（10章参照）、キリスト教におけるアダムとイヴの失楽園……神から食べてはいけないと言われていた禁断の知恵の実を食べたがために楽園を追われてしまうという逸話が転じて、りんご＝禁断、誘惑の象徴とも見なされていることとも相まって、現在では広くギリシア文明やキリスト教に直接関係がないような物語世界にも散見されるのであった。

話を戻そう。先のどのシチュエーションも、過去のどこか、いつか、何かの画像作品で、エロスのメタファーとして使われているのを見かけたことがないだろうか？　もし、そう問いかけたなら、多分あなたは、頷くと同時にこうも反論するだろう。性的な意味合いを含まないこれらの描写も同じくらい、いやそれよりずっと多く見かけたことがあるし、さらに、自分でも普段よくやっていることだ、と。

*だってアイスバーやキャンディは舐める以外にどうやって食べるの？　口に入れたプリンを喉から飲み込まなくてどうやって胃に送るのか？　お菓子を食べていてクリームやチョコを食べこぼしたら普通に舐め取るし、ケーキがおいしそうに見えたなら、そ

っとつまみ食いだってやる。それから、実家から送ってきたりんごは、よくひとにお裾分けしているし、バナナの皮をむいて食べるのだって、特に何の意識もなく毎朝やっていることだし、季節の果実も時季になったらばくばく食べるもの*と。

もちろん、そうなのだ。掲出した描写はごく一般的な日常の飲食風景であり、誰もが何気なくやっていることばかりなのである。しかしこの場合、だからこそなのだ。日常の何気ない行為だからこそ、エロスのメタファーに用いるのに、使い勝手がいいのだと言える。

人間の3大欲は、食欲、性欲、睡眠欲だが、中でも食欲と性欲はどちらも粘膜を介する行為を伴うものだ。また、もたらされる快楽の質も非常に似ている。そして、人間は妄想し、連想する動物だ。このことを考え合わせると、物語上ある事情で、直接的な性描写ができない、もしくは描写したくない場合に、このフードメタファーを使うのは、とても有効だ。

たとえば、水着程度の軽い露出のグラビア類、それからポルノグラフィの分野まで含めて、それぞれに許容範囲があり、それを超えて直接的な描写をすると、18禁などの年齢規制がかかってしまう、発売禁止になってしまうといった問題が起こる。それを回避するために、フードメタファーを使うのはよく見かけるステレオタイプな手法だ。ちょっとここで先の*〜*を再度読み直してほしい。お菓子や果実は、*〜*なわけだから、

「だからこそ」まったくの無害だと言い張れる、というか、しらを切れるのだ。

作品中で、女の子が（男の子でもいいのだが）頬についたクリームを舐め取っても、いやこれ、体液ではないですよ、「お菓子」ですから。バナナを食べていたとしても、これも性器ではないですよ、「果実」ですから。むしろ、健全なお菓子や果実をそんな目で見るなんて、あなたのほうがおかしいんじゃないですか？　といった調子で、この場合は、一休さんの頓知的な、といえばいいのか、この「はし」を渡っちゃいけないと言われたので「（橋の）真ん中」を渡ってきた、みたいな「かわし」をお菓子や果実でやっているということなのだ。

妄想と連想は、人類が進化の過程で獲得した特殊能力だから、「かわし」であっても、自らの妄想と連想を駆使すれば、それで充分意味は通じるわけだ。そんな理由で、この手法は、いわゆる〝萌え〟という感覚を重視する、非ポルノグラフィという立ち位置のアイドルの着衣グラビアやアニメやまんがなどでも多用されている。

それから、作者、あるいは作品の性格上、どうしても直接的な性愛表現をしたくない、匂わすくらいに上品に表現しておきたいのだ、といった場合にも、このフードメタファーは取り入れられている。たとえば、りんごを誘惑の象徴であると設定して、しかるべきシチュエーションとタイミングで、恋の相手にりんごを差し出せば、初（うぶ）なふたりにキスすらさせなかったとしても、とてもエロティックで印象的なシーンを作ることも可能だろう。また、さくらんぼを唇にはさませ、その瞬間を美しい陰影で描けば、ふたりが一瞬にして恋に落ちたことを、鑑賞者は無言のうちに理解するだろう。英語のスラングでcherryといえば、処女や童貞のことだから、そこらあたりのニュアンスを上手く組み込めば、なおさらだ。

淡い初恋からハードコアなポルノグラフィまで、さらにはもやっとしたいわゆる〝萌え〟という曖昧(あいまい)な感覚すらも、お菓子や果物を食べさせることで表現できるのだ。もちろん、物語世界では、飲み物や料理も同様にエロスのメタファーとして食べられているが、特にお菓子と果実に人気が集まるのは、理由がある。まず、お菓子だが、お菓子自体が〝食べる娯楽〟ともいえる嗜好品であり、人類の「純度の高い甘味が食べたい」という欲望を形になした物質で、退廃的で爛熟した側面を持っているからだ。また果物は、雌しべと雄しべが受粉した果てに実った、ひとつの欲望の成果だ。さらにその内部には種を秘めているため、この繁殖の連鎖はこれからも続くというわけだ。このようにお菓子も果物も、かわいくておいしくていい匂いという表の顔をひと皮むけば、それぞれにエロティックと「考えても差し支えない」要素を内包している物質なのだ。

25

バナナの皮ですべって
ころぶ

Slipping on a Banana Peel

バナナの皮ですべってころぶ。食べ物を使った古典的ギャグ、と言われて一番に思いつくのがこれではないだろうか。世界的に有名で、まさにキング・オブ・ステレオタイプフード。長年、このギャグの起源が知りたくて、たぶんチャップリンあたりか？　でもどうしたら確証が？　と調べ倦ねていたら、２０００年代、人類はネット社会に突入。ちなみにネットで検索すると、英語では、slip on a banana peel あるいは、banana peel slip と表現されることも多いようだ。

そうこうするうちに、ウィキペディアが登場。英語サイトで検索すると、すぐに手がかりを発見した。それによると、１９０３年、当時のアメリカの喜劇人であるカル・スチュワートが「バナナの皮ですべってころんだ話」を小話のネタとしてレコードに吹き込んだものがあり、現存する記録された「音」としては、一番古いとされていた。この小話は、現在ネット上で聞くことができる。

しかし、１００年以上も前の古い小話には驚愕した。じつはカル・スチュワートの小話は、「バナナの皮ですべってころんだひとを見て、あっはっはと笑う」という単純な構造ではなかったのだ。「バナナの皮ですべって、盛大にころんだ〝I（わたし）〟に向かって、駆け寄ってきた子供が発するひと言で笑う」という、ひとつはさんだ構造をすでに取っていたのだった。こんなふうに。

道路に落ちていたバナナの皮で、盛大にすべってころんだわたしに向かって、ひとりの少年が通りを横切って駆け寄ってきた。そして、こう言ったのだ。

「おじさん、それ、もう1回やって。僕のお母さんが見逃したんだ」

そう、「僕のお母さんが見逃したんだ」、この台詞が鑑賞者の笑いどころなのだ。20世紀初頭の時点で、すでに笑いにひとつひねりが入っているということに、驚きを禁じえない。元ネタ（あるとするなら）は、一体どれだけ古いのだろうか？

そして2010年、「バナナの皮ですべる」ということを調べ尽くした本『バナナの皮はなぜすべるのか？』（黒木夏美著）を発見した。古今東西の文献や画像を当たり、資料的な価値も高く、ギャグ自体の成り立ちや構造について探究し掘り下げた労作だ。この本によると「バナナの皮ですべってころぶ」というギャグが、広く知られるようになったきっかけは、やはり、主演作品が世界中に流通した稀代の喜劇王チャールズ・チャップリン。古くは1915年公開の映画『アルコール先生海水浴の巻』で、チャップリンが自らつるりとすべっているが、彼のオリジナルギャグではなく、彼と前後する喜劇王たちも軒並みすべっているそうで、「バナナの皮ですべってころぶ」の映画的起源はもっと古いのだという。しかし、19世紀から20世紀初頭にかけての映画創成期のことだから、喪失したフィルムも多く、また同じように「バナナの皮ですべる」というギャグが掲載されていそうな新聞や雑誌の風刺画やひとコマ漫画なども相当失われているので、「絵」として一体どれがオリジンなのかは、やはり突き止めるのは不可能ということだ。

　というわけで、ついに長年知りたかったことについて、一応の決着を見た。さて、ここからは、わたしの自分クロニクルに時折混入する「バナナとその皮」を、振り返ってみたいと思う。「バナナの皮ですべってころぶ」。わたしが、このギャグを一番はじめに「聞いた記憶」は、当時同居していた大正生まれの祖父だった。1960年代当時、日本に出回っていた台湾バナナが大好物だった祖父は、東京で聞いたというバナナの叩き売りの口上の真似と一緒に、なんだかバナナの皮ですべるという話を繰り返ししてくれた。祖父は駄洒落と笑い話が好きな人物だった。

　また、幼稚園の頃、NHKの子供向けテレビ番組で繰り返し流れた〝バナナがツルンとうんぬんかんぬん〟というような一節を、歯抜けな状態で〝バナナン、バナナン、バナナ〟という印象的なサビと共に記憶している。正式な題名と歌詞を調べてみると「とんでったバナナ」（作詞／片岡輝、作曲／桜井順）という曲で、「すべる」のではなく、バナナはあくまで、ツルンと飛んでいったり、飛び込んだり、逃げ出したりする歌詞な上に、ツルンとする部分は、皮ではなくバナナ自体だと歌っていたのだ。しかし、大人になった今ではすべてがわたしの脳内で混同され「バナナの皮ですべっている」という記憶に置き換えられてしまっていたようだ。

画像として「見た記憶」といえば、1960年代後半、たぶん小学校低学年の頃。家に常備されていた『よりぬきサザエさん』のハードカバー本で、サザエさんが駅ですべっているのが最初だったのではないかと思うのだが、その後、さまざまなまんがの小ネタギャグで無数に見かけた記憶とごっちゃになっていて、断言ができない。

それから1970年代、中学生になったあたり。少女まんがの巨匠・大島弓子の『まだ宵のくち』（1976年）という作品の中に、大学受験で行き詰まった気分を変えたいときにトリップできる薬として、「バナナをせんじて、やぶいた辞書のページで巻いて火をつけて吸うと幻覚が見れる」という伝聞が描かれていて（注：実際にはその効果はない）、なるほど、ちょっと年上の都会のおねえさん世代は、受験のときにそんなことも考えるのか、とカルチャーショックを受けた。

さらに大島弓子は、名作『バナナブレッドのプディング』（1978年）で、世間にうしろめたさを感じている男色家の男性が理想だというエキセントリックなヒロインに、物語の冒頭で「バナナブレッドのプディングをたべたいと思ってます」――すなわち、〝切り刻んだバナナ〟を、〝ミルク入りの卵液〟に浸したパン（〝酵母〟で〝発酵〟した）と共に、オーブンに入れて蒸し焼きにするということだ――と言わせ、なおかつ作品中でヒロインが実際に作って食べるというエピソードを描き、さらにその味の感想を「バナナブレッドのプディングは　はがしてしまいたい　すりきずの　かさかさ　か

さぶたの 味がした」と回想させた。 意外に思うかもしれないが、わたしの場合、ドラッグカルチャーの気配や潔癖性や恐れや羞恥を複雑に内包する性的な暗喩表現は、フリルとレースと花とお菓子が飛び交うかわいい絵柄の少女まんがから仕入れたのだ。

「The Velvet Underground の米国版オリジナルジャケットLP、注文入荷いたします」。そのレコードジャケットは、こんな貼紙と共に九州の田舎の駅ビルのレコード屋の壁に飾られていた。白地にくっきり黄色いバナナが1本描かれ、よく見るとバナナ部分はシールで、皮がはがせる仕組みになっていて、ヴェルヴェット・アンダーグラウンドはグループ名らしいが、ジャケットには、ノークレジット。右隅に小さくAndy Warholとサインがあるのみ。目が釘付けになり、「なぜ、バナナ?」謎が渦巻いた。もちろん、それは、当時でもモダンアートシーンでは世界的に有名なアンディ・ウォーホルの仕事だったが、所詮、わたしは九州の田舎のティーンエイジャー。NYヒップカルチャーシーンの寵児でポップアーティスト、ウォーホルの全面プロデュースでデビューした、ルー・リード率いる前衛ロックバンドのゲイカルチャーの匂いのする最先端感覚など絶対に理解できるわけがなかったが、何となく、この頃から、バナナが安くておいしい果物であったり、たわいもないギャグネタになるというだけでなく、海外でも男性器の暗喩になっている場合も多々あるのか、なるほど、とうっすら気がつきはじめたという。

中学生から高校生にかけての時期、日本のテレビでは、イギリスBBC放送のコメデイ『空飛ぶモンティ・パイソン』シリーズが、吹き替えバージョンで放映され、ちなみにわたしは、エリック・アイドル役の広川太一郎が、最高に面白いと思っていた。その中のスケッチ（コント）「フルーツを持った敵から身を守る方法」で、バナナはラズベリーなどの他の果物と一緒にギャグのネタにされていて、最高に笑った。ここではバナナが、糞の役にも立たない武器として登場する。シュール、シニカル、ブラック……そういう感覚をはじめて体感した瞬間である。

そして1980年代初頭、大学生になったわたしは、東京の大井町の映画館でのオールナイト上映に通い、映画版モンティ・パイソンで再度、「フルーツを持った敵から身を守る方法」を鑑賞して、これまた大笑いした。映画版ではよりシナリオが洗練され、上から落ちてくる16トンの重りとラズベリーのくだりがまるまる省かれて、バナナの馬鹿ばかしさ一本に収斂されていたのに驚いた。バナナを逆手に振り上げたときの似非ナイフ感には不意を突く可笑しみがあるし、皮をむいて食べてしまうところで終わったほうが、確かに気がきいている。

1980年代半ば、わたしは東京にある老舗の高級果物専門店に就職し、毎日バナナに近しく接することになる。それは数年間続いたがついにここでは誰もバナナの皮ではすべらなかった。しかし、この店は新宿の一等地に店を構え、1本1000円を超す高級バナナを恭しく取り扱っていたので、それ自体がちょっと壮大な冗談のようでかなり気に入っていた。

同様に1980年代後半、伝説のお笑い番組『オレたちひょうきん族』でも、明石家さんまが主役を務めるコント「明石第三小隊シリーズ」だったかで、ビートたけしが、バナナの皮でえんえんとコケまくり、さんまからするどい突っ込みを受けた、というのをおぼろげながら記憶している。この頃には日本はすでに、NHKがチャップリン映画を繰り返し放映したり、東京の名画座ではオールナイトでマルクス兄弟のスラップスティック映画が公開されるという、ちょっとしたリバイバルブームが起こったあとだったので、それらをひと通り観ていたわたしは、ビートたけしがバナナの皮ですべることで表現せんとする、笑いの基本みたいなことへのこだわりとそれを解体してみせるメタ感みたいなものを、何となく理解できるような気がした。

それから、1980年代の後半から90年代にかけて、音楽好きの若者の間では「渋谷系」なるジャンルが、隆盛を極めた。その中心グループのひとつと目されていたのが、小西康陽の率いるピチカート・ファイヴであった。1989年のアルバム『女王陛下のピチカート・ファイヴ』の中に、その名もずばり「バナナの皮」(作詞/小西康陽、作曲/高浪敬太郎)という曲が収録されている。

歌詞も直球で、「バナナの皮に　すべって　ころんで」という歌い出しではじまり、「ぼくは　ずいぶん　いたかった」と続け、

「誰もが　みんな　憂鬱そうだったのに　ぼくを　指さして　笑った　ごらん　そんなときだけ　世界中　すべてが　うまくいってる　気がする」と、〝ころんだひとの内面〟を吐露した。

冒頭の歌詞「バナナの皮にすべってころんで」起こると予想されるステレオタイプな騒々しいイメージとは正反対の、とても内省的な内容にすり替わっていくのが、まず圧巻だった。さらに2番、3番と曲が進むにつれ、「バナナの皮にすべってころぶ」ことが、誰かを恋して、失恋すること、それを繰り返してしまうことの止めようもない愚かしさを暗喩していることに、はっとさせられたのだった。世界で一番感傷的な「バナナの皮にすべってころぶ」がここにある。

そして、現在。これほどベタなギャグもない、という共通認識が薄れているわけではないので、もし、このギャグを今やろうとすれば、鑑賞者も万事ご存知なのを大前提に、メタ視点に立った上で、……例の有名なアレ、バナナの皮が、ここにほら、このとおり落ちているから、お約束事として、つるりっとみんなの期待どおりにすべらざるを得ないという俺の状況を失笑しながら見ているもうひとりの俺をすら嗤う……というような構造のひねったギャグをやるしかないだろう。そこまで入れ子になったメタ視点でなくても、たとえば、テレビの長寿バラエティ番組『笑点』の大喜利で使われるとするなら、こんなふうではないかと、妄想を膨らませてみた。

師匠「ええ、バナナの皮が落ちていたら、普通はすべるもんです。だけど、なぜかすべらなかった、理由を教えてください。お題はこれ。〝バナナの皮が落ちていたのにすべらなかったよ〟。はい、○×さん、どうして？」

○×「あたしゃ当代一の天才落語家ですよ？　その皮がちゃんとオチていたなら、スベりません」

師匠「なに言ってんだい。ずうずうしい。座布団1枚取っちまいな」

ちなみにこのやりとりの「笑いどころ」は、○×氏の回答ではない。ここでの観客の反応は、ほおっという感心あるいは、はあっという落胆になるはず。言わずもがな、「笑いどころ」は、師匠の「座布団1枚取っちまいな」のくだりである。とまあ、ベタな笑いの王道番組を仮想しても、何かしらのひねりを入れない限り、わたしの脳内では、もはや妄想ですら、バナナの皮ギャグは成立しないようだ。

いずれにしても、バナナの皮ギャグの魅力をフード的に語るとするなら、わたしはこう思うのだ。今までバナナという果実の衛生と熟成を司るためにすばらしく万能に機能していた、最高の天然梱包資材であった「皮」が、人間の手に渡った途端、縦に走る繊維の性質もプラスに働き、何の抵抗もなく3秒でつるりとむかれてしまい、中身をむしやむしゃと食べられた上に、ぽいっと捨てられたその瞬間に「ごみ」という新たな名前を与えられ、路上に落ちて、誰かをすべらせ、図らずも笑いを取ってしまう、この一連の流れにこそ、運命の不思議と非情を深く感じざるを得ない……というように、バナナの皮を、勝手に擬人化して感じる哀愁というところに尽きる。

先に書いたように、人類ではじめてバナナギャグを考えた人物、あるいは舞台にのせた、雑誌に描いた、映画で演じたという人物を特定するのは無理なようだ。が、こんなふうに何重にもこねくり回すことなく、すべってころぶひとを見て、一番最初に心の底から笑えたのは、じつはわたしたちの遠い祖先である原始人類だったのかもしれないとも思う。現生人類に進化する過程で二足歩行へ移行した際、知性と引き換えに手放してしまった能力、ある種の運動神経、バランス感覚。原始人類はバナナの皮ごときでは、絶対にすべらない。それなのに、世代を経る過程で、あるとき遂に、あるひとりが、突然無様に転んでしまったとしたら?

現実の原始時代では、そのひとりを特定できるはずもないが、映画の世界ならたぶんアイツだと見当がつく。それは『2001年宇宙の旅』(スタンリー・キューブリック監督・1968年公開)の有名な冒頭のシーンで、空高く骨を放り投げた二足歩行の原始人類だ。いまだに四つ足で這う他部族を骨で殴り殺し、水場争いに勝ったあの瞬間、確かに彼は残酷さと共に知性の宿りを暗示させたのだが、映画はそこで〝惜しくも〟未来の宇宙ステーションのシークエンスに切り替わってしまうのだ。彼が狩った獲物のこん棒状の骨、言わば自分たちの残飯兼武器を無骨な仕草で力強く空に放り投げて回転させる、と何とそれが宇宙空間を運行する最新鋭のこん棒状の宇宙船に取って代わり、次に全身のショットを見せる人類は、純白の重力スーツを身にまとったおぼつかない足取りのすらりとした八頭身白人女性で、彼女は無重力空間に浮いて回転する小さなペン――言わば文字を書くための小さなこん棒――を繊細な動きの指で摑まえてみせる、という一連の流れは、SF映画としてはもちろん、フード映画としても屈指の名場面であるのは重々承知なのだが。

もしも、あそこで場面が切り替わらなかったら、と想像してみる。原始人類は骨を投げ上げ、勝利の雄叫びを響き渡らせたあと、今日の成果にものすごく満足しながら、興奮のうちに眠りについたはずである。そして翌朝起き出すと、いつものようにバナナ(の祖先のようなもの。原始人類たちの遠景にバナナの祖先に見えなくもない木が何本か映っていたから、この妄想もぎりぎりありだろう)を食べ、いつものように皮をそこいらに投げ捨てて、いつもよりも意気揚々と歩き出すのだ。その途端唐突に自分が捨てたバナナの皮で、すってんころりんとすべったはずである。その最初のひとすべりこそが、最初のひと笑いを起こしたに違いない。「こんな動き、はじめて見た」仲間の原始人類たちは、ころげ回って大笑いをしたのではないだろうか。

26

お茶を飲むのは、
ちょっとひと休みのサイン

Tea as Conversational Cue

物語世界に登場する「お茶を飲む」という場面は、基本的に「ちょっとひと休み」のアイコンとして機能している。なぜなら、物語世界の作者たちは、わたしたちが生きる現実世界で起きる何気ない日常の行為を観察し、そこから物語を推進する上で都合がいい場面を適宜切り取ってきては、作品に組み込んでいるからだ。「お茶を飲む」という場面が物語に登場する際にも、必ずその手法を踏襲して描いているということになる。

とはいえ、たとえばひとと連れ立って「ちょっとお茶しよう」となったとき、全員が本当に文字面どおりに「お茶を飲む」わけではなく、実際はコーヒーやジュースなど、思い思いに自分の好みのドリンクを飲み、付随しておやつを食べたりするわけだから、それらも含めて「お茶を飲む」という行為と捉えられる。この場合の「お茶」とは、ある種の概念になっている。

さて、現実の「お茶を飲む」という行為は、「ちょっとひと休みして、頭をリフレッシュするため」に、世界中の人々がごく自然に日常的に昔から繰り返していることだ。だから、「ちょっとお茶でも飲もうか」と言われて、「これは激しい喧嘩をしかけられたぜ」と受け取るひとはまずいない。

「お茶を飲む」＝ひと休み、それはもう「love」「peace」のレベルで、誰ひとり意味を取り違えようのないくらい、言わば世界共通のフード言語になっていると言える。それゆえ「お茶を飲む」というシーンを物語に組み込めば、イコール「ひと休み」を意味する、とても解りやすいアイコンとして機能する。

たとえば、物語の序盤や中盤で、登場人物がお茶を飲めば、「あ、今は頭を整理するためのちょっとひと休みの時間なんだ」と鑑賞者に認識される。

「こぽこぽこぽっ」という、ポットから注がれるお茶の効果音と共にお碗から立ち上るお茶の湯気なめでシーンが切り替わると……、

＊「それで相談ってなに？」なんていう台詞から、「じつは……」と誰かの相談事がはじまる

＊あるいは「はあ、今日はつかれたな」などと主人公の長いモノローグがはじまる

＊「よし、事件を整理してみよう」の台詞と共に今までの展開をボードに書いていたら、「！」ふいに天啓が降りて、解決の糸口を見いだした

……などなど。これらは相当にステレオタイプで、今まで無数に見かけてきたという記憶がある。

また、物語の終盤、すべての事件が解決したあと、「登場人物がお茶を飲む」という描写が入れば、「これで本当に終わったんだな」という、一件落着感が、いやが上にも濃厚に醸し出されることになる。なぜなら、お茶の時間を気安く楽しめるようなら、こ

れはもう「関係性がきちんと落ち着いていて安心なのだ」という、アイコンとして機能するからだ。というわけで、そろそろお茶の時間じゃないか。本章は短めに、ここらで、ちょっとひと休み。

27
マグカップを真顔で抱えたら、心に不安があるか、打ち明け話がはじまる

Cradling a Mug :
Sign of Anxiety or the Beginning of a Confessional

たいてい、厚手で、ずどんと寸胴。横っ腹には、ごつんと無骨な取っ手が付いている。ティーカップより、ひとまわり大きく、受け皿のない茶碗をマグカップと呼ぶ。マグカップは、自分のために買う、ふだん使いの安物茶碗。もしくは、ドーナツ屋の景品とか、何かのおまけとして貰う、わりとどうでもいいもの。引っ越し祝いよ、旅行の土産だ、誕生日の祝いに、みたいな軽い動機で、ひとからのプレゼントというのもありがちだ。さらに、同棲カップルがふたりで買う初アイテム、だけど間違えないように色柄違いさ、という場合もありそう。

　お客様用のカップ＆ソーサーが「揃い」で購入されるのに対し、マグカップは、先のような理由で不可抗力的に集まった「バラバラ」集団であることが多いものだ。そして、「ぞんざいに扱ってるのに割れないから、別に気に入ってないけど、結局何も考えずに毎日使ってる」、あるいは、「高いお茶碗も持っているけど、結局いつもこれでお茶しちゃう、手に馴染むし、たっぷり入るから」……的な評価で、わたしたちの何気ない日常生活にすんなり溶け込んでいる存在でもある。だから、「熱い飲み物を入れる器」という、同じ用途で作られた道具であるにもかかわらず、物語上の「カップ＆ソーサー」と「マグカップ」は、アイコン的には、全く別ものと言える。

　カップ＆ソーサーについては、あとでお話しするとして。さて、物語で「たっぷりと頑丈なマグカップ」が登場する場所は、大邸宅ではない。たいてい、普通の住宅や学校、会社あたりと相場が決まっている。

供される場面は、

＊キッチンテーブルで取るせわしない朝ご飯
＊学校のボンクラ文化系部活でちょっと休憩中
＊研究室で黒板に公式を書きながら討論会
＊会社のプロジェクトチームで検討する新商品戦略会議
＊深夜のリビングにて夫婦で離婚協議
＊ちょっと突飛に、凄腕ハッカーのアジトで行う密売屋とバウンティハンターの3者密談

……などと、身内や仲間内で起こる日常のひとコマが多いものだ。

この場合、マグカップが「バラバラ」なのは、「あるひとつの集団としてまとまっていても、ちゃんとそれぞれ違うパーソナリティと背景を持つ個人なのです」というアイコンであると解釈できる。そんな中、誰かが、マグカップを真顔で抱えだしたら？　鑑賞者のみなさん、これは姿勢を正して、じっくり注目しなくてはいけない。「身内」の「個人的な話」が始まるのだから。特に取っ手を持たずに、カップの胴体部分を直接両手で包み込むように抱えたら……しかも中身には一切口をつけないようであれば、「事

態はさらに深刻だ」というアイコンだから気をつけて。

長年心に抱えていた重大な秘密を吐露する予兆か、はたまた時空を超えた長い長い回想がはじまるサインかもしれない。あるいは、2秒後に、ゾンビか、マスクを付けた怪人物やモンスターに突然襲われる前振りかもしれない。

マグカップを真顔で抱える、という絵面を観たまま解釈すれば、「器に注いだ温かい飲み物を飲んでいる人」だが、そうではないことは、すでにみなさんご存知のはず。マグカップが象徴するのは、平凡な日常だ。マグカップを真顔で抱える、という絵面は、日常を失うかもしれないという不安や秘密に耐えかねて、手放したくないと無意識にマグカップにすがっている人の図であり、寒気がするのは体じゃない、温かい飲み物を飲んで温めたいのは、本当は心なんです、ということを表現しているのだ。画像の中で、マグカップはしばしば、「ライナスの毛布」的な役割を負わされ、安心毛布ならぬ、安心茶碗として登場するのだ。

28
動揺は、お茶の入ったカップ＆ソーサーをカタカタ震わせることで表現される

Clattering Teacups: Sign of Trembling or Stress

「物語の中で見かけるお茶を飲むという行為は、基本的にちょっとひと休みのアイコンだ」とは、前々章で書いた話だ。そして前章では「熱い飲み物を入れる器という、同じ用途で作られた道具であるにも関わらず、物語上のカップ&ソーサーとマグカップは、アイコン的には、全く別ものと言える」とも書いた。本章では、これらを踏まえた上で「カップ&ソーサーでお茶を飲む」という行為にまつわるステレオタイプな「動揺表現」についてお話をしたいと思う。

カップ&ソーサーは、日本語で言えば、「受け皿付きの茶碗」の意味で、17世紀に中国からイギリスへお茶が伝わったのを契機に発達した器だ。もともとは、お茶を碗から受け皿に移して冷まし、受け皿から直接お茶を飲むという、今とはぜんぜん異なる作法だった。そして次第に現在の碗から直接お茶を飲むというスタイルに変化すると、受け皿は、精緻な模様が施されるなど装飾的な意味合いを持つようになり、ティースプーンや小菓子、砂糖を置いたり、碗からお茶が溢れたときにテーブルクロスを汚さないための敷物という役目に落ち着いたという経緯がある。

前述のマグカップが、不可抗力的に集まった「バラバラ」集団であることが多いのに対し、カップ&ソーサーは、お客様の席で使われる上等品で、「揃い」で購入されるもの。特に欧米ではその傾向が顕著で、最低でも6脚揃い、ダース単位で購入するのが通例だ。

また、デザイン的にも、マグカップが1個売りを前提として造形されているのに対し、カップ&ソーサーは、マグカップよりも断然小振りで華奢、お茶の湯色が映える白い磁器製で、薄手で口当たりがよく、クラシックスタイルなら碗の側面と受け皿には、凝った模様が施され、揃いのデザインでポットや砂糖壺、ミルクピッチャー、菓子皿なども製作されていて、組みで揃った姿が美しいといったことを考慮してある。

両方の用途やニュアンスを比較してみると、

＊たっぷりと頑丈なマグカップ＝ケの器＝実用的、日常、気の置けない、最低限の気遣い

＊小振りで華奢なカップ&ソーサー＝ハレの器＝装飾的、よそいき、気が張った、最上のもてなし

といった違いがある。

であるから、物語の中に登場する場合、それぞれが指し示す意味も自ずと違ってくるし、また作中にカップ&ソーサーが登場する場面は——もちろん、普通の住宅や喫茶店もありだが——お屋敷や避暑地のホテルなど、ある程度お金持ちの集まる場所と相性がいいようだ。

カップ&ソーサーで、お茶が供される理由は、

*ボールルームで開催される上流婦人たちの慈善ティーパーティ

*暖炉のある居間で事件の聞き込みにきた刑事と容疑者の面談

*サンルームにて若き紳士がいよいよ意中の令嬢に結婚の申し込みをするという午後のお茶会

*亡き主人の書斎で行われる親戚一同を集めた遺言状の開封

……などと、対人関係で緊張を強いられる場面というのが定番だ。

腹に一物ある人々が集い、「揃い」のカップ&ソーサーで、表面上は平静を装ってお茶を飲む、という絵面は、言わば仮面を被って素顔を隠している状態だ。あるいはトランプのポーカーにも似て、それだけでサスペンスが盛り上がる。

さらに物語がファンタジーなら、お茶の注ぎ手が正体不明の魔女だったり、あるいは歴史物の大富豪設定で、銀盆に乗せたカップ&ソーサーを客人たちに配るのが、完璧な執事やかわいいメイドだったりすると、ますます登場人物が充実して、緊張感に花を添えることになる。

いよいよ登場人物が出揃ったならば、お茶を飲みながら誰かが……、

＊当てこすりで「育ちが知れるわね」と意地悪く隣のひとに囁く、
＊確信を持って「昨日の夜11時にあなたを見かけたひとがいるそうです」と告げる、
＊無邪気に「良夫さまは、華子さんの意中のかたよね」と言い放つ、
＊ふと「そういえば、マイケルが5年ぶりに帰ってくるそうだ」と口走る、
……などという発言をティータイムの輪に投げ込むわけである。

そして、他のひとにはどうということもないこの発言に反応した約1名が、カップ&ソーサーをカタカタと震わせて取り落とすことになるのだった。さあ、ここはフード的な名場面だ。見逃してはいけない。カップ&ソーサーをカタカタと震わせて動揺したのは、一体誰だったのか？　また、その理由は、恐怖からか？　照れからか？　激昂からか？　はたまた、心に疚しいことがあるからなのか？

いずれにしても「揃い」のカップ&ソーサーだからこそ、各人の行動の「差異」が映えるというものだ。こんなとき、無骨なマグカップと違い、カップ&ソーサーは、碗と皿というふたつの不安定なパーツに分かれていて薄手なので、カタカタと音を立てるのに打ってつけの組み合わせと言える。

さて、カップ&ソーサーをカタカタと震わせたあとは、

*手をすべらして床に落として割ってもいいし、
*ソーサーごとガチャンとテーブルに叩きつけたり、
*スプーンで忙しなくかき混ぜることで誤魔化したり、
*砂糖をボチャンと落として跳ね返りで染みを作ったり、
*ちょうどポットから注いでもらっていたお茶をカップから溢れさせて大慌て、
*菓子皿からトングで取り分けたお菓子を取り落としてカップにドボンと沈めるはめになる、

なんていうのもいい。

お茶を飲むことで、本来は精神を休止状態にリセットしたいにもかかわらず、平静を装いたいのに、どうしても手に持ったカップ&ソーサーがカタカタ震えるのを止められず、動揺を隠せない。お茶をいれたカップ&ソーサーを受け渡したり、口をつけるなんて、普通なら無意識に談笑しながら簡単にこなしてしまう動作なのに。

そう、これは「お茶を飲む=ちょっとひと休み」を、逆手に取って表現したステレオタイプフードだ。登場人物たちが平常心を保っているかどうかの判断は、この場合、手を震えさせずに熱いお茶をいれたカップ&ソーサーをちゃんと受け渡せたり、飲み干せたりするかどうかにかかっている。この場合、カップ&ソーサーは、ある種の「踏み絵」

として機能していると言える。

29
焚き火を囲んで、
酒を回し飲みしたら、
それは仲間だ

**Passing the Cup Around a Bonfire,
Now That is Friendship**

燃えるような赤い太陽が地平線に姿を隠せば、空にはうっすらと星が瞬きはじめる。

黄昏(たそがれ)どき、荒野での野宿を決め込んだ旅の男たちは、今宵の寝床を整え終えた。

枯れ枝を集めて火を熾(おこ)し、そこに豆やら干し肉、じゃがいもを仕込んだダッチオーブンを吊るす。

簡単な煮込み料理を作り、ようやく夕食にもありつくことができた。

夜のとばりが下りる頃、腹を満たした男たちは、自然と焚き火を囲みはじめる。

誰かが腰のポケットから、使い込んだピューター製のスキットルを取り出し、ひと口飲むと、隣の男に無言で差し出した。

輪の中で、自然にウイスキーの回し飲みがはじまった。

薪(たきぎ)の爆(は)ぜる音をＢＧＭに、ぽつり、ぽつりと話し出す者、火をじっと見つめる者、ギターを静かにつま弾く者。

……こうして、男たちの夜は更けゆく。

と、ここまで、何の資料も見ることなく、わたしの頭の中にある漠たる画像イメージをそのまま、精一杯、高級男性誌の紀行文風に書き起こしてみた。絵画の題名風に言えば、「焚火ヲ囲ム酒盛郎党図」という感じだろうか。この画像イメージの原風景を記憶の中に探すと、わたしの場合は、自分の幼少期、１９６０年代のこと、まだ我が家のテレビをカラーに買い替える前、白黒テレビで繰り返し放映されていた（と記憶する）、アメリカ製のカウボーイ映画に行き着く。もしかしたら、それは、カウボーイもののテレビドラマだったかもしれない。加えて、同じく当時テレビでよく放映されていた戦争ものの映画やドラマでも、舞台を荒野から戦場に移した設定で、類似したシチュエーションを観た、という記憶がある。

それから、1970年代、小学生の頃、祖父母にお相伴して、テレビで死ぬほど観ていた「時代劇」の中でも――ギターこそ弾かないし、ダッチオーブンは囲炉裏鍋に、スキットルは肩にかけた徳利に代わるわけだが――和風版「焚火ヲ囲ム酒盛郎党図」といった体の、似たような場面を度々見かけていた、という記憶があり、それと並行するように、当時のテレビCMや少年まんがや、劇画の中でも類似の場面を見かけた、という記憶もある。

その後も、この「焚火ヲ囲ム酒盛郎党図」は、点々とわたしの人生の画像履歴に登場しては、混沌具合を増していき、一番古い誰かの顔をひとつ思い出せと言われたら、かろうじてハリウッド映画の名優ジョン・ウェインかな……くらいの淡い残像を残しつつ、ついには「この作品のここに登場した」という明確な記憶を失うに至った。

それは、ふと気がつくと時刻は黄昏どき、にわかに視界がぼやけ、あれは誰？　道往くひとすら判然とせず、すべてが曖昧模糊（あいまいもこ）として、ついには道を失う、という現象に似ている。黄昏の語源は「誰そ彼」だが、そんな感じで、「焚火ヲ囲ム酒盛郎党図」は、わたしの記憶の誰そ彼時にぼんやりと発光する輪郭だけを残して佇み続けている。まさにこれが、わたしが言うところの典型的なステレオタイプフード現象である。

「焚き火を囲んで、酒を回し飲みする」というシチュエーションは、画像表現上では、2章の「同じ釜の飯を食った仲間」と、ほぼ同義のフードアイコンとして、機能していると言える。古来より、酒は神に捧げたり、重要な儀式に使われたりする神聖なフードであるという側面を持っているところから、「画像上の酒」は——じつはシチュエーションによって、いくつかの異なった意味合いを持つのではあるが——「仲間と回し飲みする」という行動が付加されることで、「神聖なる誓いの証」のアイコンとして機能することになる。

さて、この場合、「焚き火」は、寒々とした空間の中の唯一の光。物語によっては、焚き火の炎は、「希望」「信念」「愛」「望郷」「執念」「憎悪」などのアイコンと取れる場合もある。これを男たちに、円卓の騎士よろしく、丸く囲ませることで、この「神聖なる誓いの証」が「平等」で「温かい」「尊い」ものであるということを、さらに強調していると言えよう。

「酒を回し飲みしたひとの裏切りのほうが、一度も酒を回し飲みしなかったひとの攻撃より、明らかに心理的にダメージを受ける」。鑑賞者は不文律的に、このように認識してしまうというフードマジック現象。さらに、冒頭の文章のように、「焚き火」で作った「同じ釜の飯を喰って」、「腹の底を見せ合った」あと、「焚き火を囲んで、酒を回し飲み」したら、これはもう、世界最強の「仲間」を意味するフードアイコンとなってしまうわけである。

このように、物語に「焚火ヲ囲ム酒盛郎党図」シーンが入ると、今後展開されるであろう、

*仲間たちに襲いかかる苦難、
*全幅の信頼を寄せていた仲間の予想外の裏切り、
*裏切り者の思いがけぬ改心、
*何があろうと変わらぬ固い友情、
*突然の仲間の死、
*悲願であった目的の達成、

……などのエピソードが、より輝きを増すという仕組みなのだ。

30
煙草を手放さないひとは、心に秘密を抱える傍観者だ

Cigarettes and the Secrets They Hold

世界は、「白」と「黒」にはっきり分けられるものばかりで成り立っているわけじゃない。「白」と「黒」の間には、たいていどちらとも判別のつかない、曖昧な「グレーゾーン」が存在しているものだ。それも、「白／グレー／黒」と、きっちり3色に塗り分けられているのではなく、灰色の領域は何というか、なめらかなグラデーションになっていて……たとえば、純白だと思って辿っていくと、じつはこの白には、感じとれないくらいの微妙な黒の階調がついていて、さらに進むと徐々に黒の分量が多くなり、はっと周囲を見渡すと、すでにそこは漆黒の領域になっていた、といった具合ではないだろうか。3色の間は、境界線でくっきり仕切られるものではなく、「白〜グレー〜黒」といったふうに、切れ間なく地続きになっているのだと思う。

ところで、食べ物における「白」「黒」とは、何に相当するのだろうか？　わたしは食べ物の場合、この「白」と「黒」は、「可食」と「不可食」に置き換えられるのではないかと思っている。宇宙に満ちている数多くの物質の中で、人間にとって「可食」で、生命維持のために摂取できるものは、じつはごく限られた物質でしかない。その他の物質のうち、明らかに食べて毒になるものが「不可食」。

たとえば、河豚(ふぐ)やある種の茸の毒のように、ごく少量でも摂取すると即刻死を招く物質を「暗黒」＝「完全不可食」、水や塩、穀物のように生命維持に欠かせない物質を「純白」＝「完全可食」としたならば、では、これら「可食」と「不可食」を繋ぐもの、

「グレーゾーン」は、一体何に相当するのだろうか？

わたしは、食べ物の「グレーゾーン」とは、いわゆる「香辛料」「嗜好品」「麻薬」などと総称されている一連の物質ではないかと考えている。シナモン・バニラ・ミント・胡椒・唐辛子・山椒・チョコレート・ケーキ・砂糖・はちみつ・コーヒー・茶・酒・煙草・大麻・コカ・阿片・モルヒネ・ＬＳＤ・覚醒剤……。

これらは摂取したときの依存性、健康被害などの度合いによって、または時代認識によって、常に曖昧にグレーゾーンを形成してきたという歴史がある。というか、人類の食物の歴史そのものが、自身の体で人体実験をしながら、ある物質を摂取するとどうなるのか——これは一体、体にどういう影響を及ぼすのか——を学んできた歴史とイコールだと思うのだ。そしてその因果関係は完全に解き明かされたわけではなく、むしろ現代社会においては混沌としており、わたしたちは今もその壮大な実験の最中だ。

「香辛料」に分類されたものは、一般的に少量であれば、依存性による弊害も「好み」の範囲に入るくらい少なく、体に毒でもなく、利点が多く、使い方によっては良薬になるので、グレーゾーンでは「ほぼ白」認定だ。

また「麻薬」に分類されたものは、一部使い方によっては、薬として認められるものもあるが、依存性や健康被害が、効能よりも圧倒的に甚大であるから「ほぼ真っ黒」確定。

「白とも黒とも判別がつかない一番曖昧なグレー」は、「嗜好品」と呼ばれる、チョコレート・ケーキ・砂糖・はちみつ・コーヒー・茶・酒・煙草などを含む食品群だ。「嗜好品」の定義は、「風味や味、摂取時の心身の高揚感など、栄養のためではなく味覚や臭覚を楽しむために飲食される食品・飲料・喫煙物」なのだそう。生命維持に欠かせないわけではないが、でも摂取できないと人生が退屈で、そして、リラックス、高揚、覚醒など、ある程度ちゃんと効用もあるが、取り過ぎると明らかに健康を害する場合もある。食べ物の中でも、小説・演劇・映画・まんが・音楽・スポーツなどの娯楽に近い位置づけが「嗜好品」で、これらは言わば、食べる娯楽である。

さて、ここからが本題だ。物語世界で、頻出する「嗜好品」のひとつが「煙草」である。物語において、本来、登場人物とは何かを語るために出てくるものだ。が、ストーリー上、何も語れない、心に秘密を抱えた、しかも話の筋に絡み続ける傍観者的な人物を出す必要がある場合、その人物に寄り添うように登場するステレオタイプフードが「煙草」だ。

長年の観察によると、物語には「煙草を手放さないひとは、心に秘密を抱える傍観者だ」という不文律があるように思う。彼、あるいは彼女が安心していつもニヒルな傍観者でいられるのは、じつは、煙草に依るところが大きい。喫煙は、活動に対しての一時停止状態であり、煙草をくゆらせながら、周囲のことを観察したり、精神をリラックス名案だ。

——秘密があるということは常に緊張している状態だから——させるために行う行為。そんな理由で作者側からすると、煙草は、しゃべってはいけないキャラクターの口を自然に塞ぐのに便利なアイテムで、これを秘密を保持する傍観者に与えるのは、フード的名案だ。

そう、常に煙草をくわえて、口が塞がっているからこそ、キャラクターが軽薄な無駄口を叩いたり、他者の作ったご馳走を善人ふうにたらふく食べて、不用意に腹の底を見せたり……などという、鑑賞者を失望させるへまをやらかさないで済んでいるのだ。

また、煙草を吸うのは、自分の腹を探らせたくない、というアイコンでもある。煙草は嗜好品の中でも、「咀嚼して胃へ」ではなく「吸引して肺へ」と摂取されるので、ある意味フェイク。煙草を吸ったからといって「まるまる腹の底を見せた」ということにはならない。そんな喫煙とは、二重の意味で「フードなのか、そうじゃないかの間」というグレーな存在であり、吐き出される煙は、いつも「嘆息と空気の間」に、曖昧に消え去る運命で、見た目どおり、文字どおり、ひとを「煙に巻く」行為なのだ。食卓を囲んだり、酒の回し飲みをする行為と比べ、煙草の回し飲みや火の貸し借りのほうが、よりクールな意味合いを醸し出してしまうのは、このような背景があるからだと思う。

横道に逸れるが、煙草の煙絡みといえば、紫煙をわざと人の顔に向かって、ふうーっと吐き出す行為もステレオタイプ表現のひとつと言える。さらに吐き出された相手は、無理に無表情を取り繕い我慢する、顔をしかめる、ごほっごほごほと咳き込む……といったあたりの反応がお約束だ。あるいは、紫煙を吐いた人間が、相手の嫌がり具合を見て自分にとって有益かどうかを値踏みしている、といった場面で使われることも多いものだ。

この場合、「吐きかけたやつ」は、傍若無人で人を見下す傲慢な人間というアイコンになり、「吐かれた相手」はかなりなめられていて、軽い侮辱を受けた、煽られたというアイコンに受け取れる。「唾を吐く」ほどの酷い侮辱の意味にはならないのは、やはり煙草が曖昧な存在だからだろう。唾は痕跡を残すが、煙はまとわりつくだけで消え去るものだから。

話をもとに戻そう。必然的に「煙草と空間の間」に漂う紫煙には、物理的現象以上に意味深な雰囲気が漂うことになり、イコノロジー的には「秘密」を示唆するわかりやすいアイコンとして機能する。だから、物語の中で、心に秘密を抱えた傍観者は、ますます煙草を手放さなくなり、秘密の度合いが増すほど、必然的に四六時中ふかし続けることになる。また、キャラクターによっては、煙草を吸わせることで、このひとは極端なテレ屋なのだ、「ほんとの本当のことは態度でも言葉でも表したくないんだ」というアイコンになっている場合もある。そんなときはたいていセットでサングラスを着用しているようだ。

ところで、前述したように嗜好品には、「摂取したときの依存性、健康被害などの度合いによって、または時代認識によって、常に曖昧にグレーゾーンを形成してきたという歴史」がある。これは現在も常に議論の的であり、はっきりと功罪が確定していないものが少なくない。たとえば、喫煙が「女性の無害なおしゃれアイテム」として認知されていた時代、1950年代の画像において、映画やテレビドラマ、女性誌のイラストなどは、腹に一物もない普通の主婦でも、これ見よがしに煙草をスパスパ吸っている場合が多々ある。

この場合、例外的に、煙草の指し示すアイコンは、〝自分の腹を探らせたくない、秘密を抱える傍観者〟ではなく、〝流行を適度に取り入れたごく平凡な女性〟ということになるので、前後のストーリーと照らし合わせて、一体どちらの意味なのかをよく考察することが必要だ。

また、近年を例に取ると、喫煙の実害が取り沙汰され、世界的に禁煙運動が盛んだ。だから、「煙草を吸うキャラクター」には、〝自分の腹を探らせたくない、秘密を抱える傍観者〟という属性にプラスして、これだけ煙草の害が叫ばれているにもかかわらず、それでも止められずに吸っているということは「依存者」という側面が強くアイコン化されてしまい、期せずして〝とても心の弱いひと〟という属性も加わってしまったと言える。なので〝重大な秘密は抱えているが、特に心は弱くない〟というキャラクターの場合、今日的には、煙草に代わる何か、別のアイコンフードを授ける必要があるのかもしれない。と、まあ、このように煙草の功罪が定まらないかぎり、煙草は今後もアイコン的にグレーであり続けるのだと予想される。

しかし、いずれにしても、〝自分の腹を探らせたくない、秘密を抱える傍観者〟が、煙草を投げ捨てたときこそ注目だ。その人物は、必ず重い口を開くはず。それは物語が大きく動く合図に他ならない。

31

侮辱は、相手の顔めがけて咀嚼物を吐くことで表現される

A Sure Sign of Contempt : Bits of Chewed-up Food Spit in Another's Face

＊卑怯な裏切り者の眼前で小指一本動かせなくなるほど殴られて、冷たい大理石の床に倒れ伏したひとりの男……その顔は信じられないとばかりに呆然としている
＊屈強な男たちに両腕を取り押さえられ、権力者の前に跪(ひざまず)くことを強制されるひとりの男……その顔は悔しさに歪(ゆが)んでいる
＊あるいは、牢獄の壁に鎖で繋がれ、宿敵の前に無防備に曝されているひとりの男……もちろん顔には男の無念が色濃く滲んでいる

男、と書いたが、これは女や子供、老人でも同じこと。「四肢の自由を完全に奪われ、動かせる体の部位がもうわずかに首まわりだけという状況で、屈服を要求される人間」という劇的極まりない場面を——前述のように物理的にというだけでなく、たとえ四肢は自由でも精神的に追いつめられて、心理的にがんじがらめという場合も含め——物語の中で今までに何回鑑賞してきたことか。

そして、対峙(たいじ)する相手は決まって「財宝の在り処を吐け」だの、「隠した重要証拠を渡せ」、「味方を裏切れ」といったような、心情的にその人間が到底呑めない要求を突きつけてくるわけだが、しかし、このような状態に追い込まれてなお、相手に屈服するを良しとしない場合、——もちろん物語の展開上、このような挿話を敢えてはさむという ことは、鑑賞者に「ご覧のみなさん、これは絶対に呑むわけにはいかない案件だから、

お忘れなく」と印象づけるための言わば、主題の強調になっているわけで、この人間が当然承諾しないのは言うまでもない——そんな追いつめられた人間に残された最後の抵抗、それが「相手の顔めがけて咀嚼物を吐くこと」なのだ。

たとえば、タイミングとしては、こんな感じだろうか。

*暴君に非道な任務を命令されて、不服従の意味で吐きかける
*卑劣な裏切り者に寝返るように脅迫されて、軽蔑を込めて吐きかける
*意に染まない仕事——職人系なら、財宝の入った金庫を不法に開けろ、やれ、偽札を作れ、贋作を作れだの、引退した殺し屋に人を殺せだの——を強要され、断固拒否の意味で吐きかける
*厭らしい権力者に横恋慕された女が、恋人に操を立てるため、死んだほうがましの意味で吐きかける
*囚人が悪玉なら、捕らえたほうの善玉による「お前は間違っている、考えを正せ」との説得に、不同意の意味で吐きかける
*ちょっと軽めの感じなら、町のダニどもに「お前、新顔だな、仲間になれ」と誘われたニヒルな一匹狼が、それはあり得ないの意味で吐きかける

バリエーションとしては、いたぶる側が懐柔作戦に出て「さあ、意地を張らずに食べたらどうだ、うん？ 腹も減っただろう」とか、「そうか、水を飲みたいか、承諾するなら飲ませてやろう」などと言いながら差し出した食事や水をわざわざ口に入れてから吐くという、ひとつ挟んだ演出も見かける。この場合「最終的には口から吐き出してしまうものを、敢えて相手から与えさせる」という演出にすることで、「主題の強調」により拍車をかける効果を出しているのだ。

いずれの場合にも口の中に、肉片やパン、スープ、果物、木の実などの咀嚼物があれば、それを「ぺっ」と相手の顔めがけて吐きかけることになる。しかしもし、口中が空っぽで、吐くものが何もなかったとしたら、どうだろう？ そのときは、言うまでもなく、もちろん、相手の顔めがけて「唾」を吐くことになる。

日本語には、唾を吐きすてることから転じて、非常に軽蔑して嫌うことを意味する「唾棄」という熟語があるが、文字どおり、この場合は「唾棄すべき提案には唾して答える」というアイコンになっている。

ところで余談だが、不合意で相手の顔に唾を吐きかければ、怒りを込めた侮蔑のアイコンとなるのに、たとえば、親が弱った我が子に、自分が嚙み砕いて食べやすくした食べ物を口移しで与える行為は、たいへん心温まる麗しい場面となるし、好意を持つもの同士がお互いに合意のもと、唾液を交換すれば、それは「キス」という、愛情を確かめ合うもっとも親密な行為になるのだから、口の中のものを相手にどのようにコンセンサスを得て、一体どうするのか？　ということは、アイコンとしては常に紙一重で、たいへん重要な問題だ。

話を戻して、今度は「口中から咀嚼物や唾液を相手の顔めがけて吐くことの実害」を考えてみたい。吐かれた側の被害だが、よく考えてみれば、顔に少量の液体が付着した程度、それも糞尿や腐敗物のようにまったくの汚物というわけではなく、親子間の交換なら麗しいものとして認知される食べ物と唾液の混合物か、あるいは恋人間なら愛情の証として交換される唾液だし、拭えばすぐに原状回復するわけだ。高価なものを壊されたり、殴られて怪我をするよりも物理的な実害は少なく、じつはそうたいしたことはない。それから、高価な服に吐かれて染みになるよりも、顔に吐かれたほうが、むしろ損害は少ないと言える。

しかし、物理的にはそうでも、精神的、感情的にはそうは納得できない。「相手の顔めがけて咀嚼物を吐くこと」は、しばしば、殴るよりも、破壊力の強い行為として認識されている。それは消化器官が、納得に繋がる比喩として、広く使われるところからも察することができる。

ひと言で言うと、胃袋に入れて消化すること＝理解する、という意味合いなのだ。またそれは、日本語ばかりでなく、英語圏でも、広くそのように捉えられている。

特に日本語の場合は顕著で、日常の何気ない会話に出てくる形容詞や比喩の中にも、じつに多彩な言い回しで、納得する、しないに関する消化絡みの言葉が登場するのである。ちょっと書き出してみよう。

物事を消化する
嚙み砕いて説明する
味気ない
味わい深い
あと味が悪い結果、あと味のいい終わり方
作品を味わう
(○○さんの言動に)むかつく
(長年溜め込んだ)思いを吐き出す
(納得がいかなくて)物事を飲み込めない
(どこか変で)喉もとにつかえる
(解決して)喉もとのつかえが取れた
(心配事で)食事が喉を通らない
(過去の出来事を)反芻する

（嫌悪の感情のために）吐き気を催す

さて、話は変わるが、作品のある場面に食べ物が印象的に登場したとする。本来なら、作品を鑑賞した時点が味わいの最高到達点で、これを超すおいしさは、どうあっても3次元的には体験できないと思うのだが、それでもひとは作品に思い入れが募るほど、「作品に登場した食べ物」を実際に食べて追体験してみたくなるものだ。

ちなみに「聖地巡礼」と冗談めかして呼ばれる「熱愛する作品のロケ地巡り」という行為や、お気に入りのキャラクターの容姿をコピーして、服から髪型、メイク、それに決めのポーズまでを完全に作り込む「コスプレ」という行為も――場所やキャラの最高到達点はすでに作品内で体験しているにもかかわらず――この欲求と基本的に同質だと考えられる。

ここで「作品に登場した食べ物」のレシピ化の流れについて少し話そう。70年代になると『赤毛のアン』『クマのプーさん』『不思議の国のアリス』『大草原の小さな家』といったような、少女を対象としたイラストと文章が主体の童話や児童文学に登場した食べ物のレシピ本が登場しはじめた。カラー印刷が比較的低価格でふんだんに使えるようになった80年代以降、女性読者を中心にカラー写真主体のレシピ本の市場が形成された。それに伴って定期的に――だいたい7、8年に1回程度か――「映画に登場した料理のレシピの本」が出版され、人気を博してきた。また最近では、絵本やまんがに描かれた料理のカラー写真主体のレシピ本も出版され、ドラマやアニメでは、作品に登場した食べ物はもとより、キャラ自体を模した弁当、通称「キャラ弁」や、キャラをお菓子に仕立てた商品も多く見かける。そしてネット上では「○○のシーンで××が食べた△△を実際に作って食べた」「食べてみたいな」という映像付きの報告や願望を目にする。

実態のない幻である2次元の「作品に登場した食べ物」を、実際の食材を使って料理するということは、イコール3次元に立体化するということに他ならない。これは料理という形態を取った「食べるフィギュア」または「食べるコスプレ」である。結果として食欲を刺激するが、所有欲や同化欲、知識欲を満たすことが第一の目的で、その動機は作品への「愛」だ。

先に書いた現象は、3次元に立体化した画像を味わって胃袋に入れることで、とことん納得というか、いや、食べることでもしかしたら完全にこの愛する作品を我がものとして消化＝理解できるかもしれない、少なくともさらに理解を深めるための取っ掛かりになるのではないかという、コンプリート欲求の現れだ。食べたからといって、たぶんそれは不可能なのだが、それでもわたしたちは、愛する作品に食べ物が登場するかぎり、一度は食してみたいと願わずにはいられない生き物だ。

では話題をもとの吐く、吐かないの話に戻そう。顔をめがけて咀嚼物を吐きかけられたら、実害以上に気に障るのは、「あなたの言うことは、絶対に消化できない。自分の中に取り込んで、理解する気はまったくありません」と、腹の底からの完全否定という意思表示をされたからに他ならない。これは精神的には大打撃だ。

だから、咀嚼物を吐きかけられた相手は、激しく感情を揺さぶられてしまうわけである。吐きかけられた相手が、怒り心頭とばかりに――自分は手足が自由なのだから普通に殴ってもいいところを――なぜか逆に吐き返してしまうのも、吐きかけられたのをきっかけに思ってもみなかったほど処罰を厳しくするのも、つまりはそういうことなのだ。さらに言えば、しばしば、吐きかけた人間の死亡フラグとなるくらい、相手の激怒を誘発してしまうのも、さもありなん、ということだ。

32
三度の飯は、家族の性格と関係性を描写するのに最適だ

Mealtime is the Best Time to Make Sense of Families

食べ物とは何ぞや？　という問題が、常に頭から離れない。たとえば、手みやげにもらうお菓子。ロールケーキにおまんじゅう、クッキー、羊羹などといろいろあるが、ここでは仮にドーナツとしよう。このドーナツを食べるとする。もちろん、ドーナツは、成分的には小麦粉と砂糖、卵、バター、牛乳、膨張剤、植物油などで構成されたお菓子なので、熱量的に見ればこれらを足したカロリーの総量を摂取していることになるし、栄養的に言えば、含まれる栄養素――炭水化物、糖質、脂質、タンパク質など――を摂取しているということになる。が、わたしたちは、ドーナツを口に入れるとき、カロリーや栄養という実質的な摂取に加え、じつは何か、他のものも摂取しているのではないか？

人気のドーナツ屋に行列している人々を見て「あいつらは馬鹿だ、なぜ並んでまで買うのか、気が知れない」と簡単に切って捨てるひとがいるが、果たしてそうなのか？　1時間並んだとしても、「今一番話題のドーナツ」を買うことに利がある場合も確かにあるのだ。

手みやげに10個程度、見栄えがするような数のドーナツを3000円分詰め合わせてもらうとして、「ありふれたドーナツ」を買うのは馬鹿、とまでは言わないが、手みやげとしては、じつはあまり効果的とは言えない。なぜなら、わたしたちは、腹を満たすことと同様に、情報を満たすことに快感を覚える好奇心の固まりのような生き物なのだから。

もし、あなたが、同じ3000円分の取り立てて話題性がない「ありふれたドーナツ」を手みやげにした場合、「今一番話題のドーナツ」と同様に貰ったひとの腹は満たすし、お礼も言われるだろうが、誰の口にもたいして話題として上らず、印象には残らない。そして、あなたが手みやげをくれたことすら、すぐに忘れ去られるだろう。最悪、「センスないね、ちょっと考えればいいのに」と陰で言われるかもしれない。3000円分の元が取れたとは言えない結果である。

しかし、これが「今一番話題のドーナツ」だったらどうなのか？　たぶん、包みを差し出した途端、「わあ、これ食べたかったんだ」と歓声が上がるはず。そして、あなたは「どうやって買ったのか」という苦労話をおもしろおかしくすることで、相手と5分は会話が成り立つ。

「待って、食べる前に写真を撮ってネットに上げていい？」「わたしも撮りたい」……こういう状況になれば、「今一番話題のドーナツ」は、必ずしもおいしい必要はなく、むしろまずくても問題ないという次元に突入だ。

日本には、何か未知なものを買う場合、決断の証として「よし、話の種にひとつ貰おうか」という言い方や、「ものは試しだ。話の種に買おう」という納得の仕方があるが、この場合「今一番話題のドーナツ」が、まさにその「話の種」になっているわけだ。

「すごくおいしかった」「へ〜、こんなもんか」「あれ？　まずいね」……感想は何でもいいのだ。むしろばらけたほうがいいくらい。だって、「話の種」だから。ドーナツを貰ったひとは、その場で口々に感想を言い合うことで、ここでも5分の会話が成り立ち、またその場にいなかった家人や友人にも「今日さ、例のドーナツ、食べたんだ、感想は……云々」と伝え、さらに5分の会話が生じ、ネットに書き込めば、不特定多数のひとがその情報を共有することになる。同じ値段にカロリー、栄養素だとすれば、コミュニケーションのツールとして成立する情報量の多いドーナツの価値はプライスレス、３００円の元は取れていると言える。

だから、「今一番話題のドーナツ」に並ぶ人々の列は絶えず存在する。そう、あれは情報を収集するために並んでいる光景だ。わたしたちは、情報をおいしいと感じ、その情報を伝達することで、コミュニケーションを図る生き物なのである。

映像の世紀と言われた20世紀だが、21世紀はさらに拍車がかかるだろう。いまだかつてないほど、怒濤のような情報の洪水で、わたしたちは、画像上とはいえ、いや、食べたも同然ということにおいては、それはやはり情報的に「食べて」いるのだろう……画像作品に食事シーンが登場するたびに、古今東西あらゆる登場人物たちの食卓におじゃましては、一緒に食卓を囲む、という疑似体験を繰り返していると言える。

さてここからが本題だ。物語で、家族の肖像を描く場合、１日24時間のどこを切り取るかは重要だ。たとえば、「両親と子供たち」という構成の家族で一緒に暮らしているとして、一般的に、両親は仕事や家事、子供は学校という1日のサイクルがあるから、家族全員の性格と関係性を表現したい場合、全員集合するのは、じつは限られた時間でしかない。そこで、もっとも効率がいいのが「三度の飯」の時間である。基本的に家族は、寝食を共にする共同体だ。

朝飯なら、誰が寝坊をして朝飯を抜く羽目になるのか、身支度をきちんとして時間どおりにテーブルにつくのは誰か、料理をしたのは母親なのか、それとも父親か、年長の子供という場合もあるかもしれない。

昼飯なら、家族たちは手作り弁当なのか、外食なら、その際のレベルはコンビニ弁当なのか、おしゃれな店でランチを取るのか、子供たちは学校で、ぽつんと独りで食べるのか、友人と賑やかに食べるのか。

夕飯なら、何時に食べるのか、出来合いの店屋ものが並ぶのか、手作りなのか、晩酌はするのか、どんなメニューが並び、誰が何を好き嫌いするのか。

これらはすべて食事の描写のようでいて、鑑賞者は家族の情報として感応している。なぜなら、食事は生きている人間すべてが行っている営みなので、このように食卓を通しての伝達は食い合わせがいい、言い換えると感情移入がスムーズでわかりやすいということだ。

先にも述べたように、わたしたちは、情報をおいしいと感じ、その情報を伝達することで、コミュニケーションを図る生き物だ。たとえば、まったく家族が揃わない――父は仕事のつき合いで接待外食、母は自宅でテレビを見ながらパン食、子供はバイト先のファミレスでまかない飯――という場合も、「一緒に食卓を囲まない」という場面を描写することで、結局は、家族の性格と関係性を描いていることになる。

33
家族会議の下、
焦げ臭いにおいは台所に流れる

Smell Something Burning During a Family Meeting?
(Check the Kitchen)

家の中で、家族の問題について侃々諤々(かんかんがくがく)、会議をしているとしよう。話題はそう……

＊長女の結婚話でもいいし、

＊あるいは、息子のテストが0点だった件とか、

＊お父さんの急な転職話、

＊お母さんが突然、弁当屋をはじめたいと言い出した、

＊死んだおじいちゃんにまさか今更の隠し子発覚、

＊おばあちゃんの遺産相続問題、

＊父の姉である伯母さんが離婚して出戻ってくる、

＊音信不通だった母の弟である叔父さんが5年ぶりに放浪の旅から帰国する、

……わりと軽いものから、一体どうすれば？　という重たいものまで、家族の問題もいろいろだが、いっそもう全部いっぺんに、この一家に降りかかってきたとしようか。

母「あなた、どうなのよ。一家の主でしょ!?」

父「いやあ、俺はぁ、ムニャムニャ」

長女「パパ、ハッキリしてよ」

弟「あー、姉貴、うるさい。ゲームできないじゃん」
祖母「あたしの目の黒いうちは、そんなこと許さないからね」
伯母「母さん……相変わらずね、だから死んだ父さんも……」
叔父「いや〜お取り込み中すみません。お義兄さん、風呂借りていいすか？　10日入ってなくて」

しっかり者の母、優柔不断な父、パパが甘いのをよく知っている長女、反抗期の弟、かくしゃくとした祖母、祖母とソリが合わない伯母、空気の読めないマイペースな叔父……いいですね、悪人は誰もいないのに、しっくりこないこの感じ。家族の問題が山積です。懐かしい昭和のテレビドラマなら、確実に1年間は続きそう。アメリカのテレビで人気の伝統的な、ほら、観客の笑い声が入るタイプのホームコメディもこんな感じじゃないか？　あるいはこれを、2時間弱の映画か演劇に上手くまとめられたら、ホームドラマのちょっとした佳作になるかもしれない。

家族のそれぞれの問題が、物語の鑑賞者であるわたしたちにひと渡り提示され、しかも誰ひとり、会話が嚙み合っていないという。むしろ、この会議で解決してしまうなら、物語にならないし観るひとなんかいないということだから、解決の糸口がないこの状態は、物語において、最高の導入部と言える。これからどんなややこしいことがこの家族に起こるのか、鑑賞者は興味津々だ。
さて、うまく問題を提示し終えたら、さっさと家族会議を解散して、場面転換をするに限るのだが――のろのろしていてこの会議で問題が解決してしまったら、元も子もないし――その方法として使われがちなのが、「タイミングよく話を切り替えたいときは、台所から焦げ臭いにおいが流れてくる」というものだ。

長女「パパがシッカリしないから、ぜんぜん、話が進まないわ」
父「う〜む、ごほん」
伯母「あれ、なんかにおわない？　臭いわ」
弟「（ゲームの手を止め、無言で）くんくん、すんすん」
祖母「そうかい？　おや、何だか煙いね……」
叔父「（タオルで頭を拭きながら、呑気に）あ〜、いいお湯だった。そういや、姉さん、台所でなんか焦げてたよ？」
母「あら、やだ。忘れてた。たいへん、鍋をコンロにかけっぱなし！　アンタ、気づいたなら消しなさい！」

はい、ここで鑑賞者の多少の笑いを取りながら暗転。このあと、その日の夜中に飛ぼうが、翌日の朝に飛ぼうが、視点を個人にフォーカスして、誰かが心の中で独白を紡ごうが、展開はよりどりみどりだ。言うまでもなく、これ以外にも感じのいいさまざまな場面転換の方法はあると思うのだが、わたしがこのシチュエーションを愛しているのは、ひとえに、フード的に優れたアイコンとして機能していると思うからである。

議論が白熱するあまり、コンロで焦げてしまったものとは、きっと今日は大人数になると踏んで、大鍋に大量の煮込み料理を仕込んでいたのかもしれないし——ちなみに舞台が欧米設定なら、オーブンで肉か魚を丸焼きしているのがステレオタイプであろう——それが焦げるのは、わかりやすく家族の黄色信号を象徴している。あるいは鍋ではなく、お茶のお代わりを出すためにかけていたやかんを空焚きにして、焦がしてしまったという場合もやはり同じ。なぜなら、円満な食卓は順調な人間関係のアイコンであり、お茶をゆっくり楽しめるのは、関係性がきちんと落ち着いていて安心なのだというアイコンであるからだ。それらを焦がしてしまうとは、家族関係に黄色信号が点ったということで、何とも象徴的ではないか。そう、焦げ臭い煙は、「この家族は危機です」という警告のアラームなのだ。

家から火事を出してしまったら、それは引き返せないくらいの赤信号だ。しかしこの場合、まだ赤信号というほどではないのが、じつは妙味なのである。なぜなら、ちょっと焦げたくらいの料理なら、それなりにおいしく食べられるし、むしろお焦げが好きなひともいるくらい。また、焦げたところを取り除けば大丈夫かもしれないし、何なら仕切り直して一から作り直してもいい。やかんの底が抜けたなら、鍋で沸かせばいいじゃないか。このように焦げたものの可能性は、考え方次第。崩壊の危機を迎えた家族の行く末と再生の希望に寄り添うようなアイコンとして機能していると言える。

家族の物語は、料理の仕方次第でいかようにもおいしくなる。なぜなら、わたしたち人間が、男と女から生まれてくる生き物であるかぎり、家族の問題を抱えていないひとはいないのだ。だからこそ、いつの時代にも家族の問題を扱った物語を味わうことは、わたしたちにとって最高のご馳走となる。

34

孤独なひとは、ひとりでご飯を食べる

Lonely People, Lonely Meals

孤独なひとは、ひとりでご飯を食べる。たとえば、こんなふう。

*どこのグループにも属さずに、いつもぽつんとひとりで食べている
*いつもは大勢と一緒に食べるのに、あるときひとりで食べることになる
*いつもは家族で食べるのに、ある事情でひとりで食べざるを得なくなる

物語の中で、「ひとりでご飯を食べる」という場面をクローズアップして見せるのは、その裏に、ふたり以上でご飯を食べる行為は、孤独ではない証である、というアイコンが共通認識として広く認知されているからだ。その非孤独というアイコンとの対比として、「ひとりでご飯を食べる」という場面が、孤独のアイコンとして成立しているのだ。だけど、孤独が寂しくてつまらないことだとは限らない。大勢でしゃべりながら食べるのが、苦手なひともいるだろう。ひとりのほうが、ほっと息がつけるという場合もあるだろう。仕事をしながら、片手間に食べるというのが日常で、ひとりで食べることに別段孤独を感じない、という感覚を持つひともいるだろう。

それから、孤独=不幸ではない。

たとえば、よく晴れた日に、好きな音楽をヘッドホンで聴きながら、公園のベンチにひとり座って食べるご飯は不幸だろうか?

さらに、「大勢で食べても孤独」という演出の方法もある。
沢山の愉しそうに語らう人々に囲まれて、
話の輪に加わっているにもかかわらず、
周りの会話が上すべりしてしまい、
笑い声の意味が取れなくなり、
ざわめきにしか聞こえない、
ついにはそれも雑音と化し、
実際には五月蝿いくらい賑やかなのに、
次第に音も消え、
食べているおいしいご馳走も砂を嚙むように味気ない……
ついには「なぜ、自分はここにいるのだろう」といったような自身のモノローグだけが頭を駆け巡る。

このような表現を取るのもまた、逆張り的な孤独表現のステレオタイプフードと言える。これは、「ひとりご飯ほど、孤独なことはない」というステレオタイプからの、じつは孤独の本当の底はそこではない、大勢で食べているときに孤独を感じるほうが、孤独が深いのではないか？　という逆転の発想の提示であり、鑑賞者の「ひとりご飯ほど、孤独なことはない」という認識が深ければ深いほど、はっとさせられるという構成なのである。

35
「これ、あちらのお客様から」バーのカウンターで見かけるアプローチはいつもこれ

'From the Gentleman Over There...'

とあるバーにて。

登場人物は、3人。

カウンターの中には、バーテンダーがひとり。

熟練の手さばきで、シェイカーを振っている最中だ。

そして、バーカウンターの止まり木には、ひとり客の女。

バーテンダーは、彼女の前に、1杯のカクテルを無言のまま、すっと差し出した。

「え？　頼んでないわ」

「これ、あちらのお客様から」

バーテンダーは、目線だけをすべらせて、女にそっと「あちらの客」を指し示した。

つられて女が視線を向けると、そこには見知らぬ男がひとり。

男は手にしたグラスを軽く掲げ、女に向かって微笑んだ。

物語中のバーで見かける恋のアプローチといえば、この場面しか思い浮かばないくらいだ。鑑賞者に強烈な印象を与えるステレオタイプフードである。バーテンダーの台詞「これ、あちらのお客様から」に続く展開は、この物語が、シリアスなのか、ギャグなのかで、大きくふたつに分けられる。

まずひとつめ、シリアス作品の場合。このあと、「あちらの客」である男は、すっと女の隣席に移動して、「ふたりの出会いに乾杯」とグラスをチンと合わせる……とか何とか。ちなみに、ギャグじゃないので、ここは吹き出すところではない。そして、男は、カクテルを片手に、口説く態勢に入り、対して、女はどう反応するのか？……物語は、ここでちょっとした展開を見せるというシナリオである。

＊たとえば、舞台がうらぶれた場末のバーなら、ギャングと情婦、三ツ星ホテルの超高級バーなら、大富豪とキャリアウーマンという組み合わせで、ラブコメディなんていかにもありそう

＊さらに、この男女が、主役級の美男美女カップルなら、悲恋物語や騙し騙される小粋なスパイもの、という展開がお似合い

＊男が渋い性格俳優系の容貌で、女が大部屋女優系の特徴に欠ける容姿、という組み合わせなら、男は主役級、女は単なる脇役に相違なく、たとえば、刑事が事件の聞き込みにきた、とか、シリアルキラーが今宵の獲物を物色しにきた、というあっさりした展開に違いない

＊男が凡庸もしくは醜悪、女が美女なら、この男は十中八九、「当て馬」だから、誘いを嫌がる女の前に、４人目の登場人物「男前」が颯爽と現れ、助けてくれるという展開のはず

思うに、バーにおける「これ、あちらのお客様から」というステレオタイプフードは、元来このようなシリアスストーリーから派生したものだ。が、あまりに印象が強いため、そこだけが鑑賞者の記憶に残り、そして時代が下るにつれ、ついには格好のギャグネタになった、という経緯を辿ったと考えられる。もはや、「これ、あちらのお客様から」シーンは、コントでしかお目にかかったことがないひとも多いのではないか？　ステレオタイプフードには、多いパターンだ。

では、「これ、あちらのお客様から」が、ギャグ作品だった場合、どうだろうか？　ギャグ作品では、ここは最大の見せ場になる。「あちらの客」である男が、女の隣席に移動して、「君の瞳に乾杯」とか何とか、グラスをチンと合わせた途端——この男が当代一の人気コメディアンだったりすると——鑑賞者は、これだけで大爆笑の渦に包まれてしまう可能性が大だ。そして、男は状況をさらにおかしな具合にこじらせ続け、さらに笑いを取っていくという展開である。

ところで、前述の「君の瞳に乾杯」という台詞は、ハンフリー・ボガートとイングリッド・バーグマン主演のハードボイルド悲恋映画とも言うべき古典的名作『カサブランカ』（1942年・アメリカ映画）の名台詞だ。しかし、実際に映画で件の台詞が使われているのは、ボガートとバーグマンが恋人同士で幸せだった頃、シャンパングラスをチンと合わせて乾杯する回想シーンや、やっと再会したふたりが再び別れる飛行場のシーンである。いわゆるみんなの頭の中にある初対面の男女の酒場での駆け引きシーンではない。もちろん「これ、あちらのお客様から」という台詞と対でもない。

しかし、あまりにもこの「君の瞳に乾杯」という台詞が印象的なため、いつしかそれらが混同されて、あるいは意識的に混同させて、「これ、あちらのお客様から」と言えば、「君の瞳に乾杯」と返す、こんなふうにコンビを組んで、ギャグに登場するようになったというところか。ステレオタイプなフードとワードの合体であるから、これはもうギャグ的には最強タッグと言えよう。

さて、29章で述べたように、「画像上の酒」は、じつはシチュエーションによって、いくつかの異なった意味合いを持つ。「これ、あちらのお客様から」シーンの場合、酒に「意中の相手に奢る」という行動が付加されることで、酒は「誘惑」のアイコンとして機能する。男が奢った酒を女が飲めば、誘惑は成功だし、拒絶すれば失敗。初対面の男女の駆け引きをわかりやすく画像化するには、うってつけである。構造的にあまりにあからさまでわかりやすいため、ステレオタイプフードとして、人気を博しているのだ。

36

マスターが放ったグラスはカウンターをすべり、必ず男の掌（てのひら）にぴたりと収まる

A Glass Slid Along the Bar Will Always Find Its Way into Someone's Hand

とある街角のバー。

薄明かりの下、蝶ネクタイにチョッキ姿のマスターは、いつものようにカウンターに入り、白いリネンで念入りにグラスを磨いていた。キイッとドアが開き、ひとりの男が店に入ってきた。

男は無言で飴色に光るカウンターに肘（ひじ）をついた。マスターが「お客さん、何にします？」と声をかけると、男はひと言「いつものやつ」。

もちろんこのあと、マスターは慣れた手つきで、男が言うところの「いつものやつ」をグラスに調合するのだが、じつは最大の見どころはこの直後。

マスターは手首のスナップをきかせて、そのグラスを男に向かって放つのだ。するとグラスは、素晴らしい速度でカウンターを真っ直ぐにすべり出し、それが当たり前、何の不思議もないといった調子で、必ず男の掌にぴたりと収まるのであった。常に。

常に、と書いたのは、過去の物語世界の中で、１００万回この「マスターのグラスが、カウンターをすべり、男の掌に収まる」というシーンを観続けてきたという記憶があるからだ。しかし「１００万回」というのは、明らかに言い過ぎ、誇張した言い回しでしかなく、今となってはわたしの「観た」という記憶は、半分くらいは脳があと付けで作り出した偽の記憶なんじゃないかと疑わしい。しかも、冷静に過去の画像作品を検証してみれば、グラスがカウンター上をすべる距離は、50cmか、長くて１m程度かと思うのだが、積み増しした記憶の中では、グラスの滑走距離は延びに延び、今や3m以上としてイメージされてしまっている。

それでも今まで生きてきて15回くらいは、実際に件のシーンを観たのではないだろうか。たぶん、一番最初に見かけたのは子供の頃、テレビで頻繁に放映されていた西部劇あたり。それから、まんがで。さらには、このシチュエーションが、あまりに印象的なため、パロディのネタとなり——ステレオタイプフードにはありがちなことで、イメージが鮮明であればあるほど、笑いに転用されることになる——コント番組のギャグとして使われているのを観たという。ざっくり言うと、このような時系列になる。

ところで、この「マスターのグラスが、カウンターをすべり、男の掌に収まる」というシチュエーションには、なぜか脳内にいくつかのバリエーションがあるようで、一枚岩のイメージにまとまってくれない。たとえば、「マスター」は、真っ当なバーの口うるさい親父さんタイプ、隠れ家的なバーの無口で寡黙な哲学者タイプ、売春宿も兼ねる宿場町のバーのうさん臭い海千山千タイプなどと、どれでもいける気がするのだ。

「男」も店の常連客の場合と一見(いちげん)客の場合にイメージが二分されるのである。男が常連客なら、冒頭のような「お客さん、何にします?」「いつものやつ」というやりとりが定番だが、お互い終始無言で、何も会話せずとも男がカウンターについた頃合いで、グラスがカウンターをすべり、「いつものやつ」が男の掌に収まるという、あ・うんの呼吸展開もありだろう。

また、男が一見客なら、店に足を踏み入れた途端、一斉に常連客に不躾に値踏みされ、見強いアウェイ感に苛まれつつ、カウンターにつくとマスターが挑発的に「お前さん、見かけない顔だね」なんて声をかける。すると男が「バーボンをストレートで」と返す。そのまま、素直にグラスがすべってくる場合もあるが、しかし、その前に店の常連のならず者が、男に因縁をつけてきて、ちょっとした乱闘、もしくは期せずして店の客全員を交えた大立ち回りを演じることになり、もちろん男はならず者を赤子の手を捻るように易々と叩きのめすわけだが、服装の埃をパンパンと払って再度カウンターについた直後、恐れ入りましたとばかりに、鮮やかにグラスがすべってくる、という展開も脳裏に浮かぶ。

それから、パロディ展開の場合は、カウンターをすべるグラスを男が自信満々に受け止めると思いきや取り逃がし、床に落としてガシャンと割れ、慌てふためく様子で笑いを取るといった展開や、いい女に色目を使いつつ、グラスを颯爽と受け取ったまではいいが、男が口をつけた途端「ぶっ、これ、お茶じゃねえか」と吹き出し、マスターが澄まし顔で「いつものやつですよ、あんた、酒飲めないじゃない」と返すとか、そんな展開の記憶もある。

「マスターのグラスが、カウンターをすべり、男の掌に収まる」というシーンを登場させれば、その後のストーリーの枝分かれは無限大。考えてみると、最強のフードフラグなのかもしれない。しかし、それはなぜなのか？　思うにカウンターをすべるグラスを難なく受け取るという仕草には、とてつもなくひとを惹き付ける魅力があるからだ。

常連客設定ならマスターと男のツーカーぶりに心ときめくし、一見客設定なら、純粋に男の反射神経に驚嘆する。何より、カウンターをすべるのは、中に液体を満たした壊れやすいガラス素材のグラスで、これをこともなげに掌に、文字どおり掌握してしまうというエピソードは、今後の運命すら象徴しているかのようで、男には、キャラクターとしての華が感じられる。ほんの些細な動作ひとつに、必要な小道具はグラスと酒だけ、それだけで「こいつは何か違う感」や「何かやってくれそう感」を醸し出せるのが、このフードシチュエーションの人気の秘密ではないだろうか。

そんな事情で、一枚岩のイメージにまとまってくれないフードシチュエーションなのだが、これだけはぶれないという部分もある。それはグラスだ。マスターから放たれるグラスは必ず、ショットグラスないしはストレートグラスと呼ばれる脚なしの寸胴形で、重心の低いタイプのものでなくてはいけない。なぜなら頭に重心があるステムグラス（脚付き）では、カウンターをうまくすべらすことができないからだ。

なので、男が注文する酒は、ステムグラスに注ぐような酒ではだめだ。グラスをうまくすべらせるためには、ショットグラスに注ぐのが習わしである強い酒をストレートかオンザロックで、変則的でも水かソーダ割りで、となるのは必定なのだ。すなわち、カクテルやワイン、シャンパンなどが似つかわしいキャラでは、この場面はこなせないということだ。バーボン、テキーラ、ウイスキー、スコッチ、ラム、ウオッカ……あたりをぐいっと引っかけるのがしっくりとくるキャラクターでなければ、これは成り立たないフードフラグだ。

37

囚人は食事どきに脱走する

Convicts Escape at Mealtime

物語の途中で、ある人物が——それが悪人、善人を問わず、そして主人公、脇役にかかわらず——何らかの理由により、捕らえられて監獄などの檻に拘束されてしまうという状況は、何度鑑賞しても刺激的で目が離せない。一体このひとはどうなるのか？　と、その続きがえらく気になる。

捕らえる側は、国家警察や国際的な諜報機関、王侯貴族の衛兵、謎の秘密結社、悪の組織、村の自警団、関所の役人、戦争中の敵国軍隊といったあたり。そして、捕らえられた人物は、たとえば、こんなパターンが、お約束だろうか。

＊正真正銘の善人で、何もしていないのに、無実の罪で投獄されてしまう
＊本来は悪党なのに、今回の件だけは無実、しかし日頃の素行の悪さが災いし、嫌疑がかかり問答無用とばかりに収監されてしまう
＊まっとうに生きてきた善人なのに、運命の歯車が狂って、過ちを犯してしまい、牢屋に入れられる
＊とんでもない極悪人が、当然のこととして捕らえられて鎖に繋がれる
＊中途半端な小悪党が、ケチな罪状でお縄になってしまう
＊お調子ものの抜け作が、ちょっとした間の悪さから、ブタ箱にぶち込まれる
＊A国とB国の間に戦争が勃発し、相手方の捕虜として監禁されてしまう

囚人である彼らの事情は、鑑賞者であるわたしたちだけがわかっていて、作品中の登場人物たちには理解されていない場合が大半だ。また、物語自体がミスリードを狙うような構成なら、鑑賞者にもその囚人が拘束される本当の理由は、明かされていない場合も多々ある。さて、物語の進行上、こうした彼らを、一度は自由の身にしなければならない、そうしないとどうしても話が転がらない、という展開になった場合、彼らを助け出すのに重宝されているのが、食事の時間だ。

なぜなら、人間の体は、鉄の機械ではないので、罪を犯した（あるいは犯したと考えられている）囚人といえど、誰かが3度の飯を与えなければ、飢え死にしてしまう。まあ、憎っくき囚人に1日3度の食事は、待遇が良すぎるということなら、1日に1度の水と2日に1度の食料、プラスその合間には尋問あるいは拷問付き、という場合もあるだろう。が、とにかく誰かが、定期的にご飯の世話をしなくては、囚人に対する責め苦もままならないということは確かだ。

さて一方、捕らえた側は、囚人の脱走を恐れて、厳重に牢屋の警備をしつつ、必要以上のひととの接触がないように、当然気をつけているわけだが、食事当番の看守だけは、やはりどうしても、料理の載ったトレーを手渡せる距離くらいには、囚人に近づいてしまうことになる。

そしてこれは、毎日数時間おきに行うことなので、ついルーチンワークになってしまいがち。油断してしまうのも自然の成り行きだろうし、また、気をつけていても、食事を渡すついでに、いつしか二言、三言会話を交わすようになってしまい、結果として親しみを持ち、不用意に囚人に気を許してしまうこともあるだろう。看守だって人間だ。

そして、食事をするには、フォーク、ナイフ、スプーン、箸などの道具が要るから、これらを工夫することで、武器になったり、鍵を開けるのに活躍したり……たとえば、スプーンなどは、牢獄の壁に脱出用の穴を掘るのに活用できたりもする。

また、人間に限らず、どんな生物も食事をしているときは、食べることに集中して、他者に無防備な状態を曝すことになる。一方、食事を与える側としては、こちらが与えるものを食べたということは、ある意味、自分たちに「腹の底を見せた」ということだから、ある程度安心しているわけで……まさか反撃に遭うとは、なかなか考えにくいといった心理状態になっているのである。そこにどうしても隙ができてしまうということだ。

この心理状態は当然、鑑賞者にも伝わるわけで、囚人が反撃に出たときに、わたしたちも看守と一緒にどきっとしてしまうという仕掛けだ。このような理由で、食事どきは、囚人にとって絶好の脱走のチャンスとなる。

食事どきに行う脱走の手法を挙げると、こんなところか。

＊食事のトレーを蹴り上げて、看守の不意を突き、縛り上げて逃げる

＊熱いスープを看守の顔にひっかけて、慌てふためいたところを殴り倒して逃げる

＊隠し持ったフォークで看守を刺し、痛がったところを蹴り倒して逃げる

＊囚人が女性なら、食事を受け取ったのをきっかけに看守を色仕掛けで油断させ、鍵を奪って逃げる

＊村娘が差し入れた料理のバスケットの中に隠されていたナイフを看守の喉に突きつけて、鍵を開けさせて逃げる

＊バリエーションとしては、食事終了のタイミングで「腹が痛い」「吐き気がする」あるいは「小便がしたい」といった食事によって引き起こされる生理現象をきっかけにしたり、「急に倒れる」などと、すわっ、今の食事に何か不備でも？……と看守の注意を逸らせて脱走する、というパターンもかなりステレオタイプと言える。

そしてたいてい、囚人に逃げられた看守はというと、

＊逆に檻に閉じ込められて「助けてくれ、出してくれ」などと怒って喚く

＊囚人に嵌(は)めていた手錠で鉄格子に繋がれてしまい「やられた、逃げられた」とほぞを噛む

＊手足を縛られた上、猿ぐつわを嚙まされ床に転がされて「ううう」と唸る
＊最悪の場合は、囚人に惨殺されて哀れなことになっている
……といった姿を同僚や上司、悪の首領などによって発見されるのだ。

囚われびとの脱走は、物語に弾みをつける一種の装置として機能し、それがスムーズに行われるように下支えしているのが、食事の時間というわけだ。いずれにしても、「定期的に何か食べさせないと飢え死にしてしまう」という人間の体の抱える不便性を逆に利用して逃げる、というところに、奇妙なリアリティが発生しているのは疑いようがない。

38

幸せを物語る場面では、
誕生日ケーキのろうそくが
吹き消される

Happiness is a Birthday Cake Candle

幸せって何だろう？　人間が、物心ついてから死ぬまで考え続ける命題のひとつがこれだ。だから、簡単には言い表せないことだし、また、ひとによって——あるいはひとりの人間でも境遇の変化によって——幸福の定義は違ってくるものだ。だからこそ、「本当の幸せとは何だろう？」という問題提起をテーマとした物語は、常に人気がある。この問いかけに対して、明確な答えは永遠に出ないので、答えを求めて彷徨する人間がいる限り——画像作品においては「観客」や「読者」であるところの——「お客さん」もまた永遠に途切れることはない。

常にそこには答えを渇望しているというニーズがあるので、そして繰り返すようだが、幸福について誰もが満足するような明確な答えは永遠に出ないのだから、鶏と卵、あるいは自分の尾を銜えた蛇のように、はじまりも終わりもなく繰り返し、さまざまな物語が作られ続けている。

画像作品で、「幸福」を視覚化、具現化する場合、ステレオタイプフードとして人気が高いのが、「誕生日ケーキのろうそくを吹き消す」シーンだ。もし、そうでなければ、神——この場合は物語の創造主である作者——が、作品内で、迷える子羊であるわたしたち鑑賞者に、誕生日ケーキエピソードをお与えになるはずがない。そしてこのエピソードはだいたい、次の３つのパターンに分けられると思っている。

＊ひとつめは、回想シーンに登場するパターン
＊ふたつめは、他者。鑑賞者である自分が感情移入していない登場人物、いわゆる脇役が、誕生日ケーキのろうそくを吹き消すのを目撃するパターン
＊3つめは、自分。鑑賞者である自分が感情移入している登場人物、いわゆる主人公が、今まさにろうそくを吹き消しているパターン

ひとつめの「回想シーンに登場するパターン」で、よく見かけるのは、こんな感じ。現在何かの事情で生き別れで生活しているか、重篤な病気を患っているか、あるいはすでに亡くなってしまった子供を持つ親が、過去の幸せだった頃の代表的なエピソードとして、誕生日ケーキのろうそくを吹き消したときのことを思い起こし、子供の思い出を語るといったシチュエーションだ。この場合、誕生日ケーキは、「喪失」や「後悔」など、「失われた幸福」のアイコンとして機能している。

ふたつめの「他者のろうそく吹き消しシーンを目撃するパターン」なら、こんな感じ。雪のちらつく凍てついた歩道に立つ孤独な〝自分〟が、柔らかな光に誘われて、とある家の窓を覗くと、そこには暖かそうな部屋に暖炉が燃え盛り、家族に囲まれた人物が「わ〜い」とケーキに大喜びし、勢いよくろうそくを吹き消した途端、やんやの大拍手。この場合、誕生日ケーキは、「羨望」や「嫉妬」など、「手の届かない幸福」のアイコン

として機能している。

3つめの「自分が今まさにろうそくを吹き消しているパターン」については、以下の「友情」と「愛情」の2タイプに分けられる。

＊たとえば、「友情」バージョン
暗い部屋にひとりで帰宅した〝自分〟、
照明のスイッチを入れようとした瞬間、
ぱっと〝仲間〟が飛び出して「ハッピーバースデー」とクラッカーを賑やかに鳴らし、
肩を突かれながらリビングルームに促されると、
テーブルには〝自分〟のために用意された誕生日ケーキ。
〝仲間〟に「おめでとう」と囃(はや)し立てられる中、
ろうそくを吹き消して、
「もう、びっくりしたよ、みんな、ありがとう」とはにかむ〝自分〟。

＊あるいは、「愛情」バージョン
構図には最初、ろうそくのアップだけ、
芯に近づくマッチの火、
ぽっとろうそくに火が灯ると、

画面がすうっと引いて行く、

するとその火は、〝自分〟と〝恋人〟がふたりで向き合ったテーブルに置かれた小さなケーキの上に灯されたということが判る。

そして「誕生日おめでとう」と〝恋人〟が囁くと、

〝自分〟は、そっとろうそくの火を吹き消す。

どちらの場合も、誕生日ケーキは、「友情」や「愛情」など、「現在手にしている幸福」のアイコンとして機能している。

「友情」バージョンでも「愛情」バージョンでもかまわないのだが、問題は、このようなシーンが、物語の一体どこに登場するのかということだ。もし、エンドクレジットの直前に登場するのであれば、これはもう確実にハッピーエンドであり、この物語では一応無事に——それが陳腐で安っぽかろうが、高尚で感動的であろうが、作品の出来不出来にかかわらず——幸福の定義をし終えたということだ。

しかし、もし、このようなシーンが、物語の冒頭や途中に登場するのであれば、それはたいへん。一度幸せの頂点を極めたら、〝自分〟をどん底に突き落とさなくては、話が進まないからだ。この場合、誕生日ケーキが象徴する「現在手にしている幸福」すなわち〝仲間〟や〝恋人〟は、今後の展開で「確実に一度消え失せる」というアイコンも兼ねてしまうことになるのだ。

なぜなら、物語は波瀾万丈で、平穏無事に進まないからこそ、ひとの興味を引き続け、推進力を保てるという構造を持っている。ハッピーエンド物語では、さして気にかからないろうそくの火の消える様が、この場合、観るひとの心に重くのしかかるのは、決して気のせいではない。幸せの光が消えてしまう、という暗喩としてオートマティックに機能してしまうからだ。「現在手にしている幸福」が、ろうそくの火を吹き消すように、いとも簡単に消滅してしまったとしたら？　もちろん物語上、そこからが本当の幸せ探しの旅のはじまりだ。

39

事件で悶絶死が起こる場合、それは青酸カリの仕業である

An Agonizing Death is the Work of Cyanide

KCN。一見、何の変哲もないアルファベットの羅列に見えるが、何の記号かというと、じつはこれ、猛毒としてあまりにも有名な「青酸カリ」の化学式である。英語では「cyanide」と書くのだが、日本語の字面と発音が「シアニド」や「シアン化カリウム」という別名ではなく、「青酸カリ」で定着したのは、物語世界にとって、ある意味幸運だ。

まず、漢字のあとに「カリ」と意味不明で鋭利なフォルムのカタカナが続くのが不気味でいい。しかも、「青」は、基本的に食欲減退色だし、「酸」は、酢を飲み込んだときのような胃がむせ返るイメージを想起させ、「青い酸」とは字面的にいかにもまずそうで、日本語の「せいさん」という発音は、「凄惨」という漢字をどこか無意識に連想させ——清算、生産、正餐あたりも同じヨミだという意見もあるかと思うが——もし、この物質で毒殺されるとすれば、まさに死に様も凄惨なわけで、悪くない呼び名である。

さて、前文であまりにもさらっと「まさに死に様も凄惨なわけで」などと書いたが、実際に誰かを青酸カリで殺したことはないし、その予定もなく、過去に青酸カリで亡くなったひとを目撃したこともない。でも、やっぱりわたしは、知っているのだ。それはもちろん、子供の頃から物語の中で、青酸カリでひとが殺される場面を繰り返し鑑賞してきたからだ。

「青酸カリで悶絶死する」設定の出所はというと、オールドスタイルと呼ばれる古典的な推理小説群で、そこからドラマや映画、まんが、アニメなどの画像作品にも広く波及したという流れになる。

わたしがはじめて青酸カリでひとが殺されるという設定を読んだのは、これは珍しく覚えているのだが、中学生のとき。イギリスのオールドスタイル推理小説の女王、アガサ・クリスティーの『ポケットにライ麦を』だった。クリスティーは、スパークリングワインにひっかけた『Sparkling Cyanide』、直訳すると「発泡青酸カリ」という題名（邦題『忘られぬ死』ハヤカワ文庫）の推理小説も書いている。

「うっ、うげえええ、ごほごほ、ぐひっ」

突然、喉を掻きむしるようにしてもがきながら、ひとが倒れた。

この現場がパーティ会場なら、まず手に持つカクテルグラスをパリーンと落として割り、悶絶ついでに真っ白いテーブルクロスを引き落とし、ガッシャーンと食器を割って豪華な料理を台無しにした上で、妙齢のご婦人にキャーッという絹を裂くような悲鳴を上げさせ、騒ぎを大きくするのも、事件の幕開けにふさわしい演出だ。

倒れたひとに駆け寄ると、すでにこと切れていた。

「ああ、何てこと、このかた、死んでいるわ」

死亡したのは、強欲と噂の大富豪、艶聞の絶えない美人女優、身分の高い老婦人、おしゃべりなメイド、あるいは意表を突いて、これといって特徴のない無名の人物などといったところか。

「みなさん、何も動かさないで。触ってはいけません。ええ、まだお引き取りいただくわけにはいきません。さあ、別室でおひとりずつお話を伺います」

警察官に誘導され、興奮気味の目撃者イコール容疑者たちが部屋を去ったあと、いよいよ名探偵の登場と相成る。

そして、床で冷たくなった死体に身をかがめるなり、名探偵はこう断定するのである。

「アーモンドの匂いがする。青酸カリだ」

そう、事件の序盤で悶絶死が起こる場合、たいていそれは青酸カリの仕業となるのだ。

H_2O　CO_2　CH_3COOH　H_2CO_3　O_3　KCN　NaCl　NO_2　$C_6H_{12}O_6$……人間にとっての可食物質と不可食物質の化学式をランダムに並べてみた。H_2O　CO_2 あたりはさすがにわかるとして、他は化学に詳しくないかぎり、どれが可食か不可食か見分けがつかないと思う。青酸カリ（KCN）も化学式にするとただの記号、ほかの物質との差は感じられない。物質自体に本来良い悪いはなく、単に人間に対して良く作用すれば薬や栄養、有益と呼ばれ、悪く作用すれば毒、有害と呼ばれているだけなのだということに改めて気づかされる。青酸カリも口に入れるシチュエーションでなければ、メッキ工場には絶対欠かせない工業的に有益な化合物と認知されている。

記号で書くとH_2O、わたしたち人間にとって水のように根源的なものを「完全可食」な物質だとすれば、青酸カリはその極北、食べたら即死亡する「完全不可食」な物質だ。いや違う、正確に言うと青酸カリは、人々に「完全不可食」な物質の「象徴」として広く認知されている、ということだ。

というのも、青酸カリを摂取した場合の症状を仔細に知るひとは誰もいないので、こんな症状では死なない、とか、この方法で摂取しても効果はない、などと断言できないから、作者の筆加減で、症状の描写にかなり幅を持たせることが可能なのだ。

たとえば、青酸カリを飲み物や料理に入れるというスタンダードな方法はもちろん、口紅に仕込む、氷に仕込む、カプセルに仕込む、切手の裏に塗るなどという奇想天外な殺害方法も、青酸カリの名の下に、皆、納得してしまうという現象が、物語世界の中では起こっているのだった。名前がひとり歩きしていて、万能毒薬として機能している状況と言える。そんな理由で、物語上、「口に入れたら、悶絶してほぼ即死」という、都合よく画像映えする場面を作り出したいがために、青酸カリほどよく殺人のために食べさせられているステレオタイプフードはない。

次点としては、ストリキニーネ、砒素（ひそ）あたりだろうか。これらよりも青酸カリが一歩リードしている理由は、「匂い」なんじゃないかとわたしは思っている。何と青酸カリを使うと「アーモンドの匂い」がするのだよ？　匂いがある、と言われるだけで、五感にポッと灯が点るよう、設定にリアリティのいや増すことか。

　しかも異臭ではなく、ちゃんとおいしい食べ物の部類に入る、誰もが口にしたことのあるポピュラーな木の実の青い匂いがするというのだ。このギャップが、字面にしても、台詞にしても、ぴたりと決まるのだった。

　アーモンド入りのお菓子やフレーバーエッセンス、アーモンドの香りの酒「アマレット」の匂いをじっくりと嗅いで、青酸カリってこんな匂いなのか、と夢想したり、一度本物を嗅いでみたいという誘惑にかられたひとは多いのではないだろうか？　少なくともわたしは毎回夢想してしまう人間だ。

　では、事件の終盤に、青酸カリが使われる場合を見てみよう。序盤に登場する青酸カリに比べ、同一の毒物であるにもかかわらず、悶絶度が低く、わりとあっさりきれいな死に方をしているような印象がある。

　たとえばそれは、「真犯人はお前だ」と主人公によって暴かれた事件の黒幕である犯人が、ついに追いつめられて、一度は窮鼠猫を噛むとばかりに、一発逆転の最後の抵抗——隠し持っていたナイフで刺すか、ピストルで発砲——を封じられたあと、お前らには捕まらないとばかりに、最後の能書きをたれて、青酸カリを飲むなり「うっ」くらいの感じで、急にガクリとうなだれて死んでしまうとか。

あるいは、ついに殺人を自白し、後悔の念を示したあとに、はじめから自決を決心していましたとばかりに、青酸カリを呷るやあっさり「うっ」と死ぬ、というバージョンとかが、記憶にあるのだ。

いずれにしても、「うっ」をきっかけに、周囲の人間がざわついたと同時に誰かが——探偵本人か、腐れ縁の警部あたりが定番だが——

「アーモンドの匂いがする。奥歯に青酸カリを仕込んでいたようだ」

ちなみに犯人が女性なら、

「アーモンドの匂いがする。指輪に青酸カリを仕込んでいたようだ」

……と、沈痛そうに言うのがステレオタイプだ。

そう、序盤のファンファーレは派手に激しく、終盤は静かに余韻を残した幕切れに……物語の中では、作品を指揮するコンダクターである作者に従い、青酸カリが引き起こすひとの死さえも完璧に抑揚をコントロールされるものなのだ。

40

ならず者が噛むガムは、
吐き捨てられるために存在する
抜け作が噛むガムは、
風船が割れて顔に張り付くために存在する
それから、いろんな人間が、
大きな凶事の前触れとして、
しばしばガムを噛むことになる

Chewing Gum: Hooligans Will Spit It and Chumps Will Pop It All Over Their Faces, but It Could Also Spell Major Trouble

現在のチューインガムに繋がるガムの原形は、15〜16世紀頃、ヨーロッパからの移民が、マヤ族の習慣を受け継いだのが最初といわれ、19世紀にはアメリカで企業化されたのだそうだ。1860年代後半、アメリカ人のトーマス・アダムスが、中南米産の樹木・サポジラの樹液から取れる天然樹脂「チクル」に着目し、甘味料を加えて販売したところ、人気を得て一般に普及した。ついで1873年にはやはりアメリカで、ジョン・コルガンが、香料を加えた味つきガムを世界ではじめて発売したという。また、すでに1880年代には風船ガムも存在したと伝えられている。ガムは、アメリカで商品化されて150年ほどの歴史を持つ食べ物だ。

ガムは、嗜好品であり、スーパーの棚を見ればわかるように、分類としては「お菓子」ということになっている。しかし、立ち位置的には、お菓子の中でも、より煙草に近い嗜好品と言える。なぜなら、ガムは、最後は必ず吐き出すことを前提として、「歯で噛むことの快楽」を追求するために作られた人工的な食べ物だからだ。

いくら咀嚼しても、クッキーやケーキのように、いずれは飲み込んで胃の中に収まり、体内に吸収されるというわけではない。ただひたすら噛み続け、味がなくなって飽きたら吐き出し、あとには噛み滓が残るわけなので、煙草の煙が、肺に吸い込まれ、結局は胃に入らないまま吐き出され、吸い殻が残るという経緯に似ているし……また、吸い殻もガムの滓も道にポイ捨てすると、非常に嫌がられるという末路もどこか似ている。

そういえば昔、煙草屋さんのカウンターのレジの横には、客のついで買いを誘うために、必ず小さなガムのスタンドが置いてあった。煙草を吸ったあとの臭い消しにガムを買い求めるひとも多かったのだろうが、煙草を買いにきたけれど、思い直して、やっぱり禁煙だ、ガムにしよう、なんていう場合もあっただろう。ガムと煙草、どちらも気分転換や眠け覚まし、口寂しさや退屈、手持ち無沙汰を紛らわせるために口にするものだから、わりと用途も似ている。

では、ステレオタイプフードの観点から、この類似点のあるふたつを見比べてみると、30章で述べたように、煙草は、しばしば「心に秘密を抱える傍観者」のアイコンとして登場するのに対し、ガムはそこまでニヒルなアイコンではないようだ。「ガムを嚙むこと」は、キャラクターやシチュエーションによって、だいたいこの3つのアイコンの役割を果たしていると考えられる。

ひとつめは、「ならず者」が嚙むガムの場合。これはたいてい、「ペッ」と吐き出されるためだけに存在するガムだ。

たとえば、日本でも「ひとに唾を吐く」ことは、相手に対する最大の侮辱行為だ。唾を吐くにはじまり、人に向かって口に入れていたフードを故意に吐きかける行為は、たいていの国で失礼な行為とされている。

これを受けて、物語の中では、料理や肉片などを相手の顔めがけて吐き出す行為が、しばしば相手への怒りを込めた侮蔑――例えば、暴君に寝返るように強要された正義の男が、断固拒否の意味で吐きかける――であることが多いのに対し、クチャクチャと噛んでいたガムを吐く場合は、どこか軽薄さ、よく言えば軽やかさを持つのが特徴だ。音を立てて噛む、という行儀の悪い行為が、キャラクターの不遜さや不真面目さ、にやけた感じを増幅しているのはもちろんだが、ガムは、もともと最後には吐き出す仕様で作られた食べ物だから、料理を吐くよりも、行為として軽いと認識してしまうということもあるのではないだろうか。

さて、物語の中の「ならず者」だが、彼らはたいてい、街角やたまり場に何をするでもなくたむろしているもの。そんな「ならず者」に、ガムを与えるということは、彼らの置かれた状態の強調、今現在「とても」退屈だという、ガムは言わば、演出的なアクセサリーになっていると言える。

このように、ガムを噛むのは「現在何もすることがない、鬱屈しているが晴らす対象がないのでガムを噛むことでリラックスしようとしている」ということなので、「ならず者」が、それを吐き捨てたということは「ガムを噛むよりも、ましな退屈しのぎを見つけたぜ」というアイコンになる。絡まれて嫌な思いをするのは、さあ、誰だ。

ふたつめは、「抜け作」が噛むガムの場合。これはたいてい、「パチンッ」と割れるためだけに存在する風船ガムだ。風船ガムは、膨らませて友達同士で風船の大きさを競ったりなどと、ガムの中でもとりわけ子供っぽい、ある種、おもちゃ的な要素を持つ食べ物だ。一度口に入れた食べ物を再度口から出すのは、たいていの国で失礼な行為とされているが、なぜか風船状に膨らませたガムに関しては、わりとお目こぼし。

これは、風船ガム自体がおもちゃ的食べ物であることに加え、6章で述べたように、フードでたわいもないギャグをやるひとは憎めないという、この相乗効果によるところが大きい。さて、物語の中で、風船ガムを噛むのは、「抜け作」がステレオタイプだ。彼らはたいてい、今置かれている状況を正しく理解していない。

そんな「抜け作」に、風船ガムを与えるということは、彼らの置かれた状態の強調、今現在のことを「ぜんぜん」理解していないという、風船ガムは言わば、演出的なアクセサリーになっているのだ。繰り返すが、風船ガムを膨らませるのは「現在置かれている危機的状況をひとつも理解しておらず、おもちゃ＝風船ガムを膨らますことにかまけて遊んでいる」ということだから、抜け作のそれが割れたということは「現実が急に飛び込んで来た」というアイコンになる。慌てるのは、さあ、これからだ。

3つめは、物語の中で、大きな凶事の前触れとして、ガムが噛まれる場合。この場合は、シチュエーションなので、ガムを噛むキャラクターのタイプを選ばない。ホラー作品なら、不気味な空き屋敷で、仲間とはぐれた美女が、気を紛らすためにガムを噛んでいたら、急に背後から襲われるし、サスペンス作品なら、連続殺人事件を追う刑事が、いらいらしながらガムを噛んでいたら、新たな殺人の知らせが舞い込んだというような。

もともとガムを噛む行為には、リラックス効果があると言われている。物語の中の登場人物が、ガムを噛んでいるということは、そのひとがリラックスを求めている状態、言い換えると「たいへんな」緊張状態にあるということだ。だから、美女も刑事も、不穏なシチュエーションに追い込まれると、ガムを噛まざるを得なくなり、それは鑑賞者にとっては「大きな凶事の前触れ」というアイコンになる。

では、本来ガムのように吐き出すことを前提に作られた食べ物を、物語のキャラクターが、もしも誤って飲み込んでしまったらどうだろうか？　たとえば、こんなふうに。

＊暇を持て余していた「ならず者」が、せっかく絡む相手を眼前にしたのに、吐き出すはずのガムをゴクンと飲み込んだ

＊状況認識が甘い「抜け作」が、風船ガムをパチンッと割った上に、さらにそのガムをもう一度口の中に回収し、ゴクンと飲み込んだ

＊凶事の悪寒に怯えきった人物が、クチャクチャと噛む速度を次第に早め、さらに噛めないほどカタカタと歯を震わせた挙げ句、ついにはガムをゴクンと飲み込んだ

いずれにしても、キャラクターたちが、ガムを誤ってゴクンと飲み込んだならば、は

い、大注目……もしも、あなたがその物語に惹き込まれていたのなら、このタイミングで、キャラクターと一緒に「ゴクン」と、生唾と共に架空の「エアガム」を飲み込んだはずである。それは驚天動地の事態、彼らにとって「予想もつかないくらい驚くべきこと」が起こったということに他ならない。

41
古今東西、
驚きは、液体をブッと吹き出す
ことで表現される

Spurting Liquid, the Universal Symbol of Surprise

「ブッ」

物語の中で、「驚き」の表現としてよく使われるフードシチュエーションが「今まさに飲み下さんとしていた、コップの液体を吹き出してしまう」だ。この場合の「驚き」には、しばしばユーモアやずっこけが内包されているのが特徴と言える。で、「ブッ」に続くリアクションは、たとえばこんな感じ。

「ゲホッゲホゲホ」と咳き込む、というお約束を経て……


「な、何だってぇ」

「はあああ？」

「？？！」

「ぶわっっっはっははは」

「信じられない」

「はっ、お前は……」

「もう一度、言って」

「いい加減にしろっ」

「バカ！」

「許さんぞ〜」

「……（無言、一拍おいて）〇△×～！！」

ああ、過去に何度、このフードシチュエーションを観たのか、数えきれない。たとえば、まんがという表現媒体の中だけでも、およそ考えつくすべてのまんがジャンルで見かけた気がする。もちろん、映画にテレビドラマ、アニメなどの動画でも同様にジャンルを問わず、無数に見かけた気がする。しかし、「じゃあ、出てきた作品名を今すぐ挙げろ」と言われると、やはり途端にう～んと考え込んでしまい、「たぶん、アレのアノへんに出てきたと思うけど、見直さないと確実じゃないかも」となってしまい、定かではない。

「ブッ」は、まさにステレオタイプフードの典型だ。例えて言うなら、澄んだ満天の星空を仰ぎ見るようなフード描写が「思わず、コップの液体を吹き出してしまう」なのだ。銀河の中のあるひとつの星に、ちゃんと目を留めたはずなのに、星々が無数に点在しすぎていて、一瞬視線を揺らしただけで、あっさり見失ってしまうという……全体は見えているのに、逆にひとつだけを確実に取り出すことができないもどかしい感覚、とでも言おうか。そして、わたしたちは、銀河鉄道の「たぶんきっと見かけたことがあろう号」に乗って、たったひとつの「ブッ星」も見つけ出せずに、この無限の「ブッ銀河」を永遠に彷徨（さまよ）うことになる。

さて、この「コップの液体を吹き出してしまう」場面の、コップの中身について、少し考察してみたいと思う。一番穏やかに演出したい場合は、やはり「水」が王道だろう。取りあえず、拭えば原状回復するから、吹いた液体による物的被害が少なく、さっさと場面を切り上げて次の展開にスムーズに移行しやすいという利点もある。

それから、金持ちや身分のある御仁に「ブッ」と吹かせるなら、ワインなどの酒類が、コップではなく脚付きのグラスに注がれている、なんていう場合が多い気がする。で、吹いたあとは、自分で拭いたりせずに、お取り巻き連中がレースのハンカチで、おろおろ拭ったりするのが定石だ。さらに、豪華な衣装に染みを作ることで、誰に怒気を向けようもなく吹いた本人の怒りが八つあたり的に倍増してしまう、という展開にも持ち込めるという利点もある。

また、フランクな酒盛りというシチュエーションなら、ビールあたりも人気。「ブッ」と盛大に白い泡を飛ばすのは、画像的に見栄えがする。

これらのコールドドリンクに対して、ホットドリンクでも「ブッ」は、行われるのだ。一番人気なのは、やはりコーヒーだろう。

＊警察署内で刑事がマグカップで「ブッ」

＊街角で恋人が紙コップで「ブッ」

＊朝のダイニングテーブルで夫が「ブッ」
＊図書館でお堅い司書が「ブッ」
＊オープンカフェで新聞を広げて「ブッ」
＊何気なくつけたテレビのニュースで「ブッ」

それから、上品で気取ったご婦人なら、瀟洒なカップ&ソーサーで、紅茶を「ブッ」というのも、ギャップがあって笑える設定だ。舞台が日本の場合は、湯のみに注いだ熱いお茶を「ブッ」、というのが定番だ。日本語では、「茶を吹いた」は、驚きを表す比喩的な言い回しとして日常会話で使われることからも、かなり強固なフード表現であると察せられる。

ホットドリンクの利点は、コールドドリンクよりも「ブッ」と吹いたあとのリアクションが、大きく取れるということだろう。なんといっても熱いから、大げさに「アチチチチッ」と声を上げ、隣のひとに飛沫を飛ばして、迷惑がられるといった二次災害を引き起こすことで、驚きに輪をかける演出がより効果的になる。しかもそれが、コーヒーみたいな濃い色の液体なら、いい染みが作れるから、周囲のひとから起こる「あーあ、何やってんのもう」という、ひんしゅく反応も、さらなる驚愕感を演出するのに有効だ。そう、この場合、「ブッ」と吹き出すときの出力の大きさで「驚きの質」が表現できるのだ。そして、「周囲の反応の大きさ」と「驚きの大きさ」は、比例するというわけだ。

それから、液体に代わるものとして、「口に入れていた食べ物をブッと吹き出す」という場合もわりと見かけるが、これはちょっと作品のテイストを選ぶ。なぜなら、一度口に含んだ固形物を吐くという行為は、ひとの嫌悪感により一層抵触してしまうので、場合によっては「ユーモラス」よりも「汚い」という印象のほうが勝ってしまうから、液体を吹き出す場合よりも取り扱いに注意が必要だ。

「ブッ」は、物語世界ではよく登場するフードシチュエーションだが、現実社会では、そうそう見かけることはない。が、皆無かというと、そうでもなく、平均寿命まで生きたとして、たぶん人生の中で20回くらいは、自分が吹くのも含め、この場面を目にしたことがある、といったような頻度ではないだろうか。

本来は、実生活で起こる印象的なシチュエーションを物語の演出に取り入れた、という順番なわけだが、今や「ブッ」表現においてはこれが逆転しているのだ。あまりにも、物語世界を通して伝播（でんぱ）しすぎたステレオタイプフードのひとつの例と言える。このように物語と現実の間で、おもしろい循環が起こり、結果として今では、表現方法に省略化が進んでしまっている。

この「ブッ」表現だが、すでに「驚くひとの手元に、コップに入った液体が必ずなければいけない」という決まりは、とっくになくなっている。驚いた人物が、口をすぼめて「ブッ」と言えば、——鑑賞者はオートマティックに、言わば、エアコップとエア液体を幻視してしまうから——同じ効果が得られるのである。省略化という以上に、これは一種の抽象化であるのかもしれない。

42

嫌なやつには、パイを投げる
間の悪いやつは、パイに当たる

Jerks Get Pies Hurled at Them, But For Buffoons, Pies Come Flying Out of Nowhere

「パイ投げ」は、アメリカ映画発のフードギャグだ。もともとは舞台のボードヴィルショーあたりに起源があると推察されるが、一般的には１９０９年、アメリカのサイレント映画『Mr. Flip』で、主役のコメディアンBen Turpinが「pie in the face」＝パイを顔面に受けたのをきっかけに、広まったと伝えられている。ちなみに「パイ投げ」は英語で、お菓子のpieに接尾辞のingをつけた「pieing」、パイを受けたひとのクリームまみれになった白い顔のリアクションは「pie in the face gag」で通じるようだ。

その後、ハリウッドのモノクロ無声映画で、隆盛を極めたスラップスティックコメディ……いわゆるドタバタ喜劇と呼ばれるジャンルで、ローレル＆ハーディ、チャールズ・チャップリン、マルクス兄弟、三バカ大将など、当時の喜劇王たちが、軒並みパイ投げをするほどの定番ギャグとして定着したという。そこから波及して、カートゥーンと呼ばれる映画の幕間に上映されたショートアニメーションでも取り入れられ、ダフィー・ダックやトム＆ジェリーなど、アニメの人気キャラたちがパイ投げに興じ、まんがやテレビでも多用されるという経緯を辿る。さらに転じて「パイ投げ」は、２次元の画像作品の中だけに留まらず、パーティの余興で投げられるようになったのをはじめ、抗議行動として政治家に投げたり、愉快犯が有名人に対して投げるなど、「３次元的」にも広がりをみせたステレオタイプフードなのだった。

さて、数あるお菓子の中から、なぜ、パイが顔面に投げつけられるように定着したかといえば、推測するに、理由は大きく4つあると思う。

ひとつは、パイはアメリカ国内で「ママの味といえばパイ」と連想されるほど、ポピュラーなお菓子で、アイテム的に万人にわかりやすい、ということ。

それから、ふたつめに、パイを焼き込むパイ皿が直径18〜32㎝程度の丸型なので、人間の顔にぶつけるのにちょうどいい、誂えたようなサイズだということだ。

3つめには、ひと口にパイといっても、国ごとに作り方が違い、アメリカンパイと呼ばれるものの多くは、表面をパイ皮で覆わずに焼き、仕上げにたっぷりと生クリームやメレンゲを盛るというスタイルで、ぶつけたときに中身が飛び散りやすく、絵的に派手な効果が望めるということ。しかも、「生クリームやメレンゲを盛る」という作業は、生地が完璧に冷めていないとできないデコレーションだから——レシピによっては、熱々を食べるパイもあるのだ——投げつけられても、大丈夫、これは冷めたパイ、顔中大火傷のような重傷は負わないから安心して笑えますよ、というアイコンになっているとも言える。また、パイのフィリング（中身）は煮た果物かムース状のクリームなどが一般的で、パイ皮はサクサクと脆いのだ。ぶつけたときに怪我をするような固いものが入っていないというのもさらに安心だ。

4つめに、初期の映画は、画質の粗いモノクロフィルムで撮影されていたということも大きいだろう。白黒のグラデーションだけで表現される粗い画像の中では、純白のクリームパイはブラック0％のホワイトだから、単純に観客によく見えるということだ。

もしこれが、チョコレートクリームやいちごやチェリーのソースのパイだったとしたら、画面上では、ブラック90～50％程度のグレーに見え、せっかく命中しても皮膚の色——これもモノクロだとブラック90～50％程度のグレーに見える——とトーン的に見分けがつかないから、役者たちがばっちり決めたせっかくのおもしろ顔もあまり効果的に見えない。

さて、「パイ投げのステレオタイプといえば？」と問われると、わたしの場合、真っ先に頭の中に浮かんだイメージが、この3つだった。

＊頭からつま先までピカピカにめかしこんだ若い男が、赤いバラの花束を抱えて、ドアベルを鳴らす。すぐにドアが開く予感に、蝶ネクタイを指で整えながら、咳払いをひとつ、満面の笑みを浮かべて、「やあ」と声を出そうとした瞬間、顔面にパイ皿が命中。

＊カシミアのロングコートに、シルクハット、目には片眼鏡、手にはステッキ、派手なストライプの燕尾服を召したパリッと押し出しのいい紳士が、きれいに固めた口ひげを撫でながら高笑い。得意満面に葉巻をくゆらした刹那(せつな)、顔面にパイ皿が命中。

＊高く結い上げた髪に念入りなメイク、デコルテには、豪華なダイヤモンドのネックレ

ス、シルクのロングドレスにミンクのケープをまとい、足には10cmのピンヒールという出で立ちの盛装のご婦人。気取って会釈した途端、顔面にパイ皿が命中。

そう、わたしの脳内で、パイ皿をぶつけられたのは、ひと言で言うと、気障男、権力者、高慢女であった。なぜかと自問すれば、彼らは無意識に一番いけ好かないステレオタイプなキャラクターで、このようなひとたちにパイが当たれば、きっとわたしは胸がすくのだろう。この場合、気障男、権力者、高慢女の身なりが揃っていいのは、そのほうが、パイのもたらす被害が甚大で、よりざまあみろ感が増すからだ。

もし、このような3人が、物語の文脈上明らかに、気に入らない嫌なキャラクターだった場合は、かなりの確率で故意にパイを投げつけられているし、また、少々鼻につく程度のキャラクターなら「間の悪いやつ」として、偶然パイに当たっているといった印象がある。

そんな不確かな印象も含め、これは本当に食べ物の微妙なところなのだが、もし投げつけたのが、パイではなく、生卵や生ゴミ——ついさっきまで食べ物と呼ばれた物質だったとしても——だった場合、かなりの確率で気障男、権力者、高慢女たちは、同情を買うことになり、投げたほうは「やり過ぎ」「酷すぎる」という印象を持たれる危険が増すだろう。偶然命中したとしてもだ。

フード、それもお菓子のたわいもない無駄使いは、6章で述べたように、人間の原初的な笑いを誘うものだ。だから、きれいにデコレーションされたおいしいお菓子、つまりパイをぶつけられて、立腹するのは、逆に無粋と言える。気障男、権力者、高慢女たちがいくら青筋立てて激怒しても、観客の感情としては「まあまあ、冗談だから、怒るなんて意外と大人気ないね」となり、苦笑と共にいなされるのがオチ。パイを投げて笑いを取るということは、じつはこのような人間の細かい感情の襞に裏付けされた、絶妙なフードバランスの上に成り立っているのだと思う。

日本には、「不意のことに面喰らう」という意味で使われる比喩に、「鳩が豆鉄砲を喰ったような」というフレーズがある。これは本来、鳩の大好物であるはずの豆、普通に地面に落ちていれば、きっと鳩同士で先を争って食べたであろう、この豆に「鉄砲で打ち出す」という動的な変化を与えることで、フードが瞬時に武器に変換されるということなのである。自分の好物が、自分を攻撃するなんて、鳩的にはあり得ないこと、あまりの不意の事態に面喰らい、きょとんとしてしまうわけだ。そして、見ていた人間には、その現象がおもしろいのだ。

「パイ投げ」の笑いは、この鳩と豆鉄砲の関係に似ている。国民的大好物のおいしいパイ、このパイに勢いをつけて投げるという動的な変化を与えることで、食べ物が瞬時に武器に変換され、さらに自分を攻撃してくるという、この不条理。いつもは、おいしく食べているお菓子なのに。

「パイ投げ」は、顔面にパイを受け、さっきまで取り澄ましていた顔が、一瞬のうちに真っ白い異形の相に変わり果て、一瞬何が起こったか解らない「きょとん顔」を曝してしまうということで起こる笑いだ。しかもパイ投げは、誰も殺さない絶対安全武器。なので、もしもあなたが、ひとの笑いを取ろうと思ったら、パイは投げるよりも、受けたほうが、絶対に「おいしい」のが理（ことわり）だ。

43

食いしん坊の寝言は、いつも「う～ん、もう食べられない」

What Gluttons Say in Their Sleep: 'No...More...'

6章でも書いたが、食べ物でたわいもないギャグをするひとは、とにかく憎めない。世界中の神事や祭、祝い事の中には、食べ物で遊ぶ行為が数多く存在し、遊ぶことで湧き起こる人々の笑いには、元来豊穣の願いと祈りが込められている。だから、フードでたわいもないギャグをするひとは、原初的な笑いの体現者であるといえる。「たわいもないフードギャグ」の中でも、無意識下の人間の行動が笑いを取り、ステレオタイプ化しているパターンといえばこれだ。

食いしん坊の寝言は、いつも「う〜ん、もう食べられない」。

この〝寝言の主〟の絵面としては、ふくよかな体型のひとが、軽くよだれを垂らしながら、口をクチャクチャさせて、指を銜えている寝姿で、ひと目でこのひとは、相当食いしん坊じゃないかと見当がつくような描写になっている、というあたりが定番だ。

一体、何の夢を見ているのだろうか？　ずいぶん幸福そうで満ち足りた顔をして、眠っている……と思ったら、そのひとは、おもむろにお腹のあたりを手でさすりながら「う〜ん、もう食べられない」と寝言を言い放った……こんな情景を、画像作品の中で、今までに何度見かけたか、わからない。

ところで、この「う〜ん、もう食べられない」という寝言が発せられるシチュエーションは、大きくふたつに分けられると思っている。

ひとつめは、寝言の主が、本当に腹いっぱい食べて寝た、というシチュエーション。

その場合、寝言の主の周囲には、食べ残した食料がたくさん散乱しているものだ。そうでなければ、これ見よがしに、寝言の主が食べ尽くしたと見て取れる見事に空っぽになった大鍋や冷蔵庫、骨だけになった豚の丸焼きなどが、一緒に描写されているはず。さらにまんがやアニメでは、誇張表現として、寝言の主の見た目を「シャツからお腹がポコンとはみ出し、パンパンに丸く膨らんでいる」というふうに描いてあるのが定番と言えよう。

ふたつめは、寝言の主が、特に満腹でもない状態で寝た、満腹になるまで食べたのはじつは夢の中の話だった、というシチュエーション。この場合、寝言の主の周囲には、何も食べ物がないという状況に描いてあるはずだ。そして、寝言の主は、目が覚めたあと「ああ、夢か、腹減った」などと、残念そうにつぶやくことになるのだった。

さて、この寝言の主の目覚め方だが、自然に目が覚める場合もあるが、たいていは誰か〝発見者〟に見つけられて、「おい、起きろ」などと、強制的に起こされるのが定番だ。「う~ん、もう食べられない」という寝言を聞いたあとに、発見者が「おい、起きろ」と起こす場合は、明らかにその寝言に呆れて起こす、というニュアンスを含んでいる。

逆に発見者が先に「おい、起きろ」と声をかけるパターンもある。この場合、発見者には、この時点では、原因不明で倒れているひとがいる、寝ているのか、病気なのか、もしくは死体なのか判然としないわけだ。なので「おい、起きろ」と声をかける時点では、恐る恐るだったり、心配した物言いだったりするのだが、それに対する返答が「う〜ん、もう食べられない」という寝言だった、という時系列になる。

いずれにしても、「う〜ん、もう食べられない」という寝言を聞いた発見者、そしてその場面を俯瞰(ふかん)している鑑賞者であるわたしたちの感情の動きはといえば、前後の物語の流れによって、思うところは違うだろうが……、

＊「心配して損した」
＊「なんだ、ぜんぜん大丈夫じゃないか」
＊「この一大事になにを呑気な」
＊「ちゃっかりしやがって」

……というようなあたり。

要約すると、苛立ちを込めた安堵、あるいは呆れ果てた上の立腹というのが近いかもしれない。オノマトペで表現すると「ぎゃふん」もしくは「がくっ」「あんぐり」に尽きると思う。

わたしたちは、いつも食いしん坊の無邪気な強欲に当てられてしまう。そう、フードでたわいもないギャグをするひとは、原初的な笑いの体現者であると共に、原初的な欲

望の体現者でもあるのだ。

44
スプーンで
かき混ぜすぎるひとは、
心に悩みを抱えている

Warning : Anxiety May Cause Compulsive Stirring

*カフェのテーブルに友達と向かい合い、お茶をする「ある女」。言いよどみ、ためらい、だけど口を開けば、最近買った靴の話に、次に行きたい旅行の話などと、たわいもないことばかり。

*ファストフード店のボックス席に、彼女と並んで座る「ある男」。おしゃべりな彼女に相槌(あいづち)を打ちながら、一見なめらかに会話をこなしているようでいて、よく観察してみるとどこか上の空。

*家族で囲む夕食の時間。いつもは一番騒がしい「ある末っ子」。今日はなぜか、お代わりもしないし、何を聞いても生返事。さっきから、思い詰めた顔をして、いやにおとなしい。

*テラスに独り、ガーデンチェアに座る「ある老人」。先ほどからずっと無言で庭を眺めているようでいて、景色に焦点が合っているようには見えない。一体何を考えているのか。


と、物語の中にこんなような調子で、心ここに在らずの人物が登場したら、まずそのひとの手元を注視してみてほしい。必ず、スプーンでかき混ぜすぎているはずだ。冒頭のシチュエーションであれば……

*「ある女」はハーブティーに入れたはちみつを木製スプーンで、

＊「ある男」は紙コップのコーヒーをプラスティックのマドラースプーンで、
＊「ある末っ子」はスープ皿に添えられたテーブルスプーンで、
＊「ある老人」は紅茶に入れた角砂糖を溶かすためのティースプーンで、

……それぞれかき混ぜすぎているのではないかと想像される。万国共通の礼儀として、食べ物を弄ぶのは厳禁だし、テーブルで手遊びするのも行儀が悪いとされている。だけど、そんなテーブルマナーも失念してしまうほど、自分には今、悩み事があるのだという精神状態を表現しているのが、この「スプーンでかき混ぜすぎる」という行為だ。そう、彼らはみんな、何かしらの悩みを抱えた「苦悩者」である。

この場合、

＊「ある女」は茶飲み話を楽しんでいるわけではないし、
＊「ある男」は心の底から彼女とデートしたいのでもない、
＊「ある末っ子」は腹ぺこだから席に着いたのではないし、
＊「ある老人」も今現在、特に庭を眺めたいわけではない、

……ましてや、みんな飲み物を飲みたいわけではないというのは言わずもがな。何より、心に悩みがあると食欲は基本的に落ちるものだから。彼ら「苦悩者」はそれぞれの事情により、便宜的にその席に着いているにすぎない。あるいは同伴相手がいる場合なら「苦悩者」は自分の悩みを相談したいのだが、切り出せずにいるか、この場を早く切

り上げてしまいたくていらいらしているか、といった状態だ。

スプーンでかき混ぜることに終始して、肝心の飲み物に口をつけることを躊躇（ためら）っているという状態は、フード的に中途半端な状態といえる。ひと思いに口をつけて、飲み物を味わってくれさえすれば、それが喉もとを過ぎたのだと思えるし、胃の腑に落ちれば、一応は「苦悩者」の腹の底が見えるので、わたしたち鑑賞者はどこかほっとした気分になれるのだが、それが叶わないのだ。

「苦悩者」が本当に混ぜて溶かしたいのは、ハーブティーに入れたはちみつやコーヒーのクリーム、スープのじゃがいも、紅茶の角砂糖ではなく、自分が抱えている悩みだ。「苦悩者」が、かき混ぜるのを止めて、果たして飲み物を飲むのか、飲まないのか、それが問題だ。カップの縁を指でなぞるとわけもなく意味深な行為として映るのも、意味もなくストローでグラスをかき混ぜだしたら、回想がはじまるのも、フードイコノロジー的には、やはり同じ原理と言える。

だからたとえば、最終的に「苦悩者」が器の中身をぐいっと飲んで席を立ったとしたら、何か決心がついたという兆しに違いない。

しかし逆に「苦悩者」がさんざんスプーンでかき回した挙げ句、結局、中身に手をつけずに席を立ったとしたら？……それは取りあえず保留、まだ打ち明けるわけにはいかないのだと捉えることができる。

さらに、突然、ガチャンと激しくカップが音を立てるほど勢い良く席を立って、小走りに去って行くようであれば、きっと「苦悩者」に、驚くほど明快な解決方法が、急に天啓として降ってきたに違いない。「苦悩者」に幸あれ。

45
逃走劇は
厨房を駆け抜ける

Kitchens Are Part of Any Good Escape Route

追いつ追われつの逃走劇は、アクションやサスペンス系の作品にはつきもので、人気の筋立てだ。

＊物語の冒頭、問答無用の逃走シーンで幕が開き、話が進むにつれ、その謎が解き明かされるという筋立て

＊物語の中盤、テンポを切り替えるように、唐突にスリリングな逃走シーンがはじまるという筋立て

＊物語の終盤、魂を振り絞る壮絶な逃走シーンをもって、エンディングに突き進むという筋立て

このように逃走劇は、物語の序、中、終盤のどこにきてもそれなりに収まりがいいものだ。掲出の例にしてみても、どれもいつかどこかで観たような筋立てだが、何回観ても結局はハラハラさせられてしまい、ぜんぜん厭きない。逃走劇は大きな見せ場だから、常に趣向を凝らすことになる。追われていたのに、途中で立場が逆転し、後半は反対に追跡者を追い詰める立場になるとか、AをBが追いかけ、BはCから逃げている、といった二重逃走劇という構造も見かける。

ところで、逃走劇は「足」、つまり何を使って逃げるのかで、主に大きく3つのタイ

プに分けられると思う。

タイプ1は、「足」が「乗り物」という場合。一番ポピュラーなのは、いわゆるカーチェイスだ。車で追われ、坂の多いサンフランシスコあたりの市街地のアップダウンを駆け抜けて、高速道路でさらに加速するというような。また、天才的なスパイが世界を股にかけて繰り広げるゴージャスで華麗なアクションが売りの話ならば、バイク、スポーツカー、ジェットボート、セスナ機を乗り継いで逃げる、なんていうのもロマンがある。

タイプ2は、「足」が「乗り物と自分の足の併用」という場合。バスに乗っていたら突然、謎の男が脇腹に銃を突きつけてきたので、隙をついて飛び降り、階段を駆け下り、地下鉄に飛び乗るけれど、それでも追ってくるから、次の駅に着くが早いか、長いエスカレーターを駆け上がり、今度は列車に乗り継ぎ、込み合う車両の隙を縫って逃げるも、とうとう列車の屋根に追い詰められて、急カーブにトンネルと、障害物に振り落とされそうになりながら、追跡者と殴り合いの格闘を繰り広げる……果たして敵から逃げ切れるのか?

タイプ3は、「足」が、文字どおり「自分の2本の足」という場合。部屋のドアを開けたら突然、謎の男が頭に銃を突きつけてきたので、隙をついてアパートの階段を駆け下り、途中の踊り場の窓を割って飛び降り、路地裏のゴミ箱をクッション代わりに着地するも、追っ手が迫ってくるから、地面を蹴って全速力で走り出すと、車にぶつかりそうになってクラクションを鳴らされ、犬を連れた老婦人に悪態をつかれながら、追跡者と迷路のような小路で鬼ごっこ、切羽詰まって薄汚れた裏戸をバタンと開けると……何とそこは厨房だった。

前置きが長くなったが、そう、逃走劇の途中には、しばしば厨房が登場するのだ。タイプ1の「足」が「乗り物」の場合は、厨房の登場をあまり期待できないが、それでもメインディッシュの乗り物に辿り着く前の前菜的な役割で、そこを通り抜けることもあるだろう。

タイプ2の「足」が、「乗り物と自分の足の併用」の場合は、もう少し厨房登場率が上がり、もしかしたらバスから飛び降りたあと、路面店の厨房経由で地下鉄に辿り着くかもしれない。または列車に飛び乗ったあと、食堂車の厨房経由で列車の屋根によじ登るかもしれない。

そして一番登場を期待できるのがタイプ3である。何せ人間の足で逃げるわけだから、全速力で走ってもたかだか時速20㎞程度だろうか。乗り物系逃走劇に比べたら、距離やスピードでは勝負にならないわけだが、その代わり縦移動と横移動の組み合わせの妙や、建物を出たり入ったりなど内・外をうまく対比させることで、乗り物系逃走劇に勝るとも劣らない疾走感を演出することが可能だ。そこで重要になるのがシチュエーションの選択。その際かなりの確率で採用されるのが、厨房というわけだ。

タイプ3は、「自宅」から逃走がはじまるという設定に書いてみたが、たとえばこれが「ホテルの一室」か、もしくは「レストランで食事中」に逃走がはじまるという状況なら、さらに厨房採用率は上がることになる。わたしに言わせれば、むしろ、ホテルやレストランで追いかけられておいて、厨房を通らずに逃げるなんてあり得ない。こんなおもしろい場所を素通りさせるなんて、どうかしているとしか言えない。

なぜなら、厨房はそれ自体がひとつの国家だからだ。特にフランス式のブリゲード・ド・キュイジーヌ（料理の旅団の意味）スタイルのレストランは圧巻で……総料理長であるシェフ・ド・キュイジーヌを頂点に、スーシェフ（副料理長）、キュイジニエ（部門料理人）、ソーシエ（ソース係）、ロティシエール（炙り焼き係）、ポワソニエ（魚料理係）、パティシエ（菓子係）、ソムリエ（ワイン係）、ギャルソン（給仕）、プロンジュール（皿洗い）などと、数多くの専門職に分かれて、100人規模でひとが働いているのだ。しかも、彼らは神聖フード帝国の総料理長閣下の下、軍隊並みに統率が取れた職能集団で、整然とやるべきことをこなしているわけだから、この最高に秩序が保たれた状態の中に、逃走者という異物を投入しない手はない。

もちろん同様に、ダウンタウンのスシバーやチャイニーズ、インド、メキシコ料理店あたりの自由フード同盟とも言うべき、混沌として猥雑な厨房も味わい深いものである。

いずれにしても厨房が国家なら、厨房とフロアーを仕切るスイングドアと、厨房の路地に面した裏戸は、言わば国境だ。逃走者は、国境をパスポートもなしに勝手に越境しようとする密入国者なのだから、最高の混乱が生じるのは、目に見えている。そんなおもしろいこと、みんな観たいに決まっているではないか。

というわけで、切羽詰まった逃走者が、薄汚れた裏戸をバタンと開けると……何とそこは厨房だったのだ。

逃走者は勢い、厨房に雪崩込む羽目になり、
積んであった野菜籠にぶつかると、
転がるじゃがいもに汚れた皿を山盛り抱えた見習いがつまずき、
派手な音を立てて皿が割れ、
コンロにかかった熱々の煮込みがひっくり返る。
包丁を振り上げ怒り狂う料理人たちを尻目に、
フロアーへ続くスイングドアを押し開けた拍子に、
銀盆を捧げ持つ給仕をきりきり舞いさせて、
目を丸くして硬直するソムリエの手からワイングラスをさっと奪って、「うん、悪くない」、

ひと飲みしたあと、

レストランの正面玄関から疾風の如く走り去る……。

この場合、ひと足遅れて、厨房の裏戸を開けることになる追跡者は運が悪い。逃走者が厨房で狼藉のかぎりを尽くした直後だから、すでに頭から湯気を立てた鬼の形相の料理人たちが手にはフライパンを握りしめ、腕捲りをして待ち構えているはず。袋叩きに遭うのは必至、逃走者はますます時間を稼げるという次第。

また、逃走者と追跡者がほぼ同時に厨房に雪崩込んだら、もちろんそうなれば、料理人たちを巻き込んだ大乱闘がはじまることになる。

追跡者が振り下ろす包丁に、

鍋ぶたで防御しつつ、

フォークを投げつけて応戦し、

取っ組み合いの末、

積んであったワインの木箱を引き倒す。

天井から吊るされた解体済みの牛肉を勢いよくぶつけて、貯蔵室に閉じ込める……。

この場合、逃走者が何とか、ほうほうの体でも、厨房から逃げ出せたらしめたものである。

それから、こんな展開も。

レストランで食事中、急に銃を突きつけられたので、隙をみて派手にテーブルをひっくり返し、一目散に厨房に駆け込む逃亡者。

ひと足遅れで、厨房のスイングドアを開けたグラタンまみれの追跡者は、厨房に逃亡者を発見できない。

料理長に銃を突きつけ「おい、ここに来た男はどこだ?」と凄むと、「出て行ったよ」と裏口を指差したので、急いであとを追って駆け出す追跡者。

裏口で安全を確認したあと、料理長がおもむろに大型冷蔵庫を開けると、何とそこには寒さに震える逃走者がいるではないか。

で、ひと言「おやっさん、ありがとうよ」、「お前、むちゃすんなよ」。

何と逃走者と料理人たちは、顔見知りで助けてくれたので、この場は取りあえず逃げおおせたというオチだ。

もちろん、灯りが消えて寝静まったあとの人っこひとりいない厨房だって、相当エキサイティングな展開が期待できるのは言うまでもない。なぜなら、厨房自体が戦いの場として素晴らしいからだ。

真夜中の場合、レストランの営業時間中のように、コンロでは危険な火を使い、その上にはひっくり返すと大火傷を負うグラグラと煮立つ大鍋がかかり、その下には、間違って頭を突っ込んだら、これまたたいへんなことになる高温に熱せられたオーブンが鎮座する、というわけにはいかないが、それでもシンクには破裂させたら水浸しになる水道管が通り、ひとが中に閉じ込められたら凍死する大型の冷凍庫や冷蔵庫、足を引っかけてくださいと言わんばかりのじゃがいもや玉ねぎの山、割れたらガラスとアルコールが散乱してしまうワイン瓶入りの木箱、そして何より、武器として最適な包丁やナイフ、ガスバーナー、鈍器になるフライパンや麵棒、それを防ぐための楯になる鍋のふたなども各種取り揃っているのが、厨房だ。

これだけの装備が揃っているのだから戦い放題。もし逃走劇が真夜中にはじまったとしても、これはもう、厨房を通らざるを得ないではないか。

46
事件についうっかり目を奪われると、食べこぼす

Caught by Some Goings-on, There's Bound to Be Spillage

画像作品の中に登場する「何か、とにかく起こった事件に、ついうっかり目を奪われてしまう」というシチュエーションについて、考えてみたいと思う。

これまでに鑑賞した過去作品の中から、「目を奪われた事件」の記憶を掘り起こしてみると、

＊突然目の前に現れた宇宙人
＊目の前をものすごい勢いのカーチェイスが通過
＊珍妙な恰好をした人物が場違いに登場
＊派手に喧嘩するカップル
＊世にも珍しい動物
＊テレビで流れる予想外の仰天ニュース
＊警官が犯人を追っかける捕り物劇

……などというあたりが、すっと頭に浮かんでくる。

そういえば、事件に目を奪われたあとの驚愕を示す演出として、フード的なリアクションが絡む場合があっただろうか？　とさらに頭の中をスキャンしてみると、

＊コーンフレークをボタボタと食べこぼす

＊ジュースをブーッと吹き出す
＊スープをダラダラと食べこぼす
＊持っていたアイスクリームをボタリと落とす
＊他人のドレスにチョコレートケーキをベッタリつける
＊いつの間にか短くなった煙草の灰がボトッと落ち、アチチと火傷する
＊豪華な晩餐の席でフォークに刺した肉をボトンッと落とす
……といった情景が浮かんできた。

しかし、これらの画像の記憶を、一体どの作品のどこの場面だったのかと特定しようとすると、他のステレオタイプフードと同様、掃除の手から見逃されて部屋の隅に降り積もる塵芥(じんかい)のように、いつの間にか堆積してしまった記憶の断片であったことに気づかされる。なぜなら、わたしがもっとよく見極めようとその埃状の記憶に一歩足を踏み出した途端、その動作が引き起こす微弱な風圧にすら、それらはふわりと舞い上がり、脳という小部屋に差し込む電気的信号を浴びて、逆光にきらきらときらめくばかりで、相変わらず一向に特定できないのだから。

まあ、それはともかく、話を本題に戻すと、この「何かの事件に、ついうっかり目を奪われてしまう」という状況から発生するフードリアクションの特徴は、コーンフレー

クやジュース、スープ、アイスクリーム、ケーキなどを口にする、煙草をふかす、などという何気ない日常風景、あるいは、敢えて晩餐会など失敗が許されないソーシャルな場面を用意して、登場人物に平時の精神状態なら、まずあり得ない「こぼす」「落とす」「吹き出す」というフード上の失態を演じさせてしまう、というスタイルだ。

6章でも述べたように、フードでたわいもないギャグをするやつは、とにかく憎めないものだということを思い出してほしい。

事件に目を奪われると、食べこぼす。

これは、生まれてこのかた、もはや数え切れないほど繰り返してきた、「食べる」という何気ない日常動作を仕損じることで、対象に目を奪われたことによる精神的な動揺を視覚化し、さらにこの日常動作に食べ物を絡めることで、「これはそんなに深刻ではない、むしろちょっとしたユーモアであり、おかしみを感じる場面でもあるのですよ」といったアイコンとして機能していると言える。しかし、もしも食べこぼしたあとに、予想外に深刻な状況が起きるとしたら、どうだろうか?

たとえば、突然目の前に現れた宇宙人に目を奪われて、間抜けにも食べかけていた朝食のコーンフレークをボタボタこぼしてしまった、そして目が合った宇宙人――ステレオタイプに従えば、足が8本のタコ型星人やのっぺりと灰色で吊り目のグレイ型生命体あたりか——は、「:+?*!=<>-・<」などと、わりとかわいい音声で謎の言語を発し、友好的ににっこり笑ったかに見えたのに、光線銃であっという間にコーンフレークの主を跡形もなく消滅させてしまった、……とか何とか。

「食べこぼし」で油断させておいて、間髪を入れずに最悪の事態に落とすことで、この状況をずっと観ていた鑑賞者は、より衝撃を感じてしまうという仕組みだ。この場合、「食べこぼし」は、鑑賞者のミスリードを誘う効果的なフェイクとして機能するというわけだ。

47

美人についうっとりみとれると、調味料をかけすぎる

Bewitched by Beauty,
One Will Surely Overdo the Condiments

さて、前章のタイトル「事件についうっかり目を奪われると、食べこぼす」に続き、本章は「目を奪われる」を、似てはいるけど、少しニュアンスの違う言葉――「みとれる」に換えてみるとどうなるのか、ということについて考えてみたい。

「事件についうっかりみとれてしまう」

ちなみに、これを漢字で書くと「見蕩れる」になる。このように置き換えると、「対象物に嫌悪感は感じず、しかも単なる驚愕ではなく、明らかに心惹かれる魅力（場合によっては性的な魅力も含む）を感じてしまったので、目が離せなくなってしまったのだ」という意味合いに変化する。

では次に、画像作品の中に登場する「ついうっかりみとれてしまう」対象について、さらに考察してみたい。これまでに鑑賞した過去の作品の中から、「みとれる対象」の記憶を掘り起こしてみると、わたしの場合は、「美人」という言葉が、一番に頭に浮かんでくる。なぜなら「美人」は、ある種の「事件」だから。

「美人についうっかりみとれてしまう」

清楚な美人、はすっぱなお色気美人、仇（あだ）っぽい美人、高貴な美人……どれもありだ。こんなふうに美人のタイプは、さまざまに浮かんでくるのだが、しかし、これらの美人画像の記憶を、一体どの作品のどこの場面だったのかと特定しようとすると、相変わらず一向に思い出せない。

それはさておき、「美人についうっかりみとれてしまう」のあとに、フード的なリアクションが絡む場合が、あっただろうか？　とさらに頭の中をスキャンしてみると、

＊肉料理に塩を振りすぎてしまうという失態を曝す。あるいは胡椒の場合も。
＊魚料理にレモンを絞りすぎてしまうという失態を曝す。あるいはお酢の場合も。
＊揚げ物にソースをかけすぎてしまうという失態を曝す。あるいは醬油の場合も。
＊ハンバーガーにケチャップをかけすぎるという失態を曝す。あるいはマスタードの場合も。
＊コーヒーに砂糖を入れすぎてしまうという失態を曝す。あるいはシナモンパウダーの場合も。

……といったような、調味料に絡んだ情景が浮かんできた。

たぶん、過去の画像作品群を根気よく探していけば、前章の「事件に目を奪われる」にも「調味料をかけすぎる」というバージョンを、またその逆で「美人にみとれる」にも「食べこぼす」というバージョンを、それぞれ発見できると確信しているのだが、「事件に目を奪われる」が、ざっくりと大きな動作——生まれてこのかた繰り返してきた食事の簡単な動作をしくじって「食べこぼす」というフード上の失態——なら、「美人に

みとれる」の場合は「調味料をかけすぎる」という、より微妙な動作の失態で表現される場合が多いのではないかと、いや、よりしっくりくるのではないかと分析している次第だ。

なぜなら、日常の動作の中でも特に微細な、まさにさじ加減——たとえば、料理用の計量スプーンでさえ、小さじ5cc、大さじ15ccという微量な単位で、さらに、ひとふり、ひとつまみ、1滴という、重量では量れない領域に及ぶ微調整が必要なわけで——を必要とされるのが、調味料の量なのである。

日常的に行う行為で慣れているとはいえ、調味料を振りかけるという動作は、たとえば、スープをスプーンで口に運ぶよりも断然注意が必要。美人にみとれて、ついうっかり調味料を振りかけすぎるという状況は、つまりこれは「美人」の出現が衝撃的すぎて、精神の集中を要求される動作を、中断することも忘れて失敗してしまった、ということだ。しかも、調味料は入れすぎると、とんでもない味になるのは、みなさん、ご存知のとおり。美人にみとれて、調味料を振りかけすぎたのにも気がつかず、ボーッとしたまま、口に入れる……すると、もちろんたいへんなことになるのは、火を見るよりも明らかだ。

＊塩なら、塩っぱすぎて水をがぶ飲みする羽目に、

＊胡椒なら、鼻に入って、くしゃみが止まらない、
＊レモンなら、苦くて唾が止まらない、
＊お酢なら、酸っぱくて唇がひん曲がる、
＊ソースや醬油なら、揚げ物はしんなり水浸しで、おまけに塩辛い、
＊ケチャップなら、かぶりついた途端、甘酸っぱいもので顔中真っ赤、
＊マスタードなら、辛すぎて口の中がヒリヒリ焼ける、
＊砂糖なら、甘すぎて脳天が痛くなり、
＊シナモンパウダーなら、渋くてウエッとなる、

辛、酸、苦、甘、渋……これら味覚上の災難に見舞われるのは必至である。

調味料を摂取しすぎるということは、美人にみとれて夢心地の人間を、辛、酸、苦、甘、渋といった強烈な刺激によって、現実に引き戻し──「目の覚めるような美人」とは、もちろん、この現象を指しての言い回しではないが──目を覚まさせるという効果がある。そして、ここでやっと自分が、突然目の前に出現した「美人」に心を奪われ、惚(ほう)けていたことに、はじめて気づくのだ。

もしもあなたが、この場面に感情をぴったり移入して観ていたならば、かけすぎた調味料を口に入れるシーンに差しかかったときに、パブロフの犬の実験よろしく、実際口

の中に嫌な感じで唾が湧き出てくることもあるかもしれない。

そして、この一連の流れを目撃した鑑賞者たちは、一様にこう思うことになるのだ。「さじ加減を要する手先の微妙な調整をしているのだから、一端止めて、美人を眺めればいいものを、うまそうな料理（あるいは飲み物）が台無しだ。ああ、あの辛み（あるいは酸、苦、甘、渋）、自分も一度かけすぎたことがあるからわかるけど、耐えられない酷さだよな。うわ、強烈。しかし、それすら失念して、魅入られてしまったのか。それはそれは、たいへんな美人がいたものだ」

味覚がきっかけで誇張表現された「美」に、わたしたち鑑賞者は、肉体的な実感を共有するのだと思う。

だから、調味料の刺激によって、はっと我に返ったその人物が、食えなくなった料理や飲み物にさっさと見切りをつけて席を立ち――何といっても強烈な刺激によって覚醒したわけだから、我に返って、今一番正しいと思う行動に打って出られるというものだ――自分が使っていたテーブルナプキンを抜け目なく差し出しながら「失礼、お嬢さん、あなたのじゃない？　これ、落としませんでしたか」と、精一杯爽やかに声をかけ「目の覚めるような美人」と会話のきっかけを作ったとしても、別段誰も不思議に思わないだろう。なぜなら、これこそがもっとも典型的なひと目惚れのステレオタイプなのだから。

48

町のダニどもは、映画館でポップコーンをバリバリ食べちらかす

Those Kids in the Cinema Noisily Stuffing Popcorn in Their Grubby Faces are Punks

物語世界にはしばしば、お話の都合上、町のダニどもとしか言いようがない、脇役キャラクターが登場する。話は脱線するが、ダニはさまざまな動物に寄生し、しかも大きい種類でも最大20㎜程度とごく微小な動物で、集団で生息している。「町のダニども」を、チンピラやゴロツキ、札付き、ならず者などに言い換えてもいいのだが、設定が「町に寄生して、善良な人々に嫌がらせをしたり、たかったりしているが、しかし、全体的に小物感が漂う集団」という場合、これをひと言で言い表すには、やはりダニという言葉が一番ぴったりくるようだ。さて、町のダニどもに、一体何をさせれば、その取るに足らない卑近な本質を鑑賞者に効率よく印象的に見せつけられるのだろうか?

＊身なりのいいぽっちゃりした男の子に向かって「おい、デブ、財布をよこしな」と強請(ゆす)る

＊気弱で真面目そうな瘦身の男の子に向かって「メガネ、いい車乗ってんな。降りろよ」と脅す

＊彼氏連れの女の子に向かって「ねえちゃん、うっひひ、俺らと遊ばねえ?」とちょっかいを出す

＊空き地でサッカーをする子供たちに向かって「ガキども、どけ。そこは俺らの場所だ」と苛(いじ)める

どれも最低で、町のダニどもと呼ぶにふさわしい言動だ。だけど、わたしの場合、町のダニどもというと真っ先に映像が思い浮かぶのが「映画館でポップコーンを遠慮なく食べちらかす。しかもバリバリと大きな音を立てて」という情景で、これが一番しっくりくる。そう、このポップコーンバージョンが、わたしの記憶の「町のダニども画像貯金箱」には、一番厚く貯まっているのであった。それはなぜかといえば、フード絡みの言動に特化して興味を覚えてしまうという個人的な嗜好によるものだと推察される。しかし、やっぱりこれも、どこで観たのと問われると、この作品のあの場面で観たと明示できないという、いつものステレオタイプフード現象に陥ってしまう。

さて、フード三原則の3、「悪人は、フードを粗末に扱う」を思い出してほしい。この場合、ダニどもは、確信犯的に食べちらかして、フードを粗末に扱っているのである。しかし、ものがポップコーンというひと粒1g程度と軽く、それを箱や袋に山盛り詰めているから、もともとがこぼれやすい性質のスナック菓子だ。だから、こぼれるのもある意味しょうがない。しかも映画館で公式に売っているものである。すなわち食べることを許可されているのだ。極悪という印象までは与えないが、しかし、感じが悪い、微妙に腹に据えかねる、癇（かん）に障ることといったらこの上もない、という絶妙なラインに印象が着地してしまう。そこがフード的に巧妙なところだ。

しかも食べちらかす場所が、映画館というのもそれに輪をかける。ダニどもが、ひとに個別に絡むのであれば、被害者は基本的にひとりかふたり、最大で「空き地でサッカーをする子供たち」あたりで、数人規模ではないだろうか。何せダニだから。しかし、映画館は違う。町中でいくらバリバリやっても音として聞こえてこないが、映画館などの密室でそれをやると、途端にとてつもなく響いてしまうという例の現象があるのだから。その「バリバリ」という雑音の被害者は少なくとも数十人規模まで膨らみ、ダニどもがやっていることのたわいのなさ（＝でかい態度で大きな音を立ててポップコーンを食べる）のわりには、被害が大きいと言える。

さて、町のダニどもが映画館で、バリバリと大きな音を立ててポップコーンを遠慮なく食べちらかし、しかも仲間内で大声で私語をして、ギャハハと笑い、どっかと足を組んで汚い靴を前の席の背もたれに載せて我がもの顔で座ったら、それが合図だ。さあ、わたしたち鑑賞者は、「待ってました」と声をかける準備をしなくてはいけない。きっと誰かさんの堪忍袋の緒が切れる頃。絶対に正義の味方が「お前ら、いい加減にしな」と、ダニどもを叩きのめしに来るはずである。

もしかしたら、そのタイミングは、美しい娘さんが「あなたたち、ひとの迷惑よ、おやめなさい」と健気に立ち向かい、町のダニどもが「何だと？（振り向いて）……おや、気の強い別嬪（べっぴん）のねえちゃん、いいねえ、イヒヒ」と、彼女の腕を取って強引に連れ去ろうとする、という〝ひと悶着はさんだ〟後の、瞬間かもしれないが。

まあ、とにかく、ヒーローが「お前ら、いい加減にしな」と割り込んだ。それに対してダニどもが「おめえ、誰だ？　指図すんじゃねえ」と返した瞬間、ヒーローの強烈なパンチが繰り出され、ダニどもはポップコーンもろとも派手に吹っ飛ばされることになる。そして、このとき必ず、ダニどもが食べちらかした量の比ではなく、まるで小さな白い打ち上げ花火のように四方八方にポップコーンが派手に飛び散る——ヒーローのパンチ力の凄さを視覚化するためだけの目的で——わけだが、それは、わたしたち観客は、なぜか不問に付すことになるのだ。

あるいは、ヒーローの代わりに、人食いエイリアンが現れて、町のダニどもをあっけなく喰ってしまうという予想外のホラー展開、という場合もありだろう。今まで調子こいていたやつらが、今度はおのれ自身がポップコーンのように、人食いエイリアンにがつがつと貪り食われてしまうのだが、やっぱり、わたしたち観客は、エイリアンのことも、心情的にはわりと不問に付すことになる。

それはなぜなのか。食べちらかすという行為が、無意識の突発的なアクシデントや、赤ちゃんや犬猫のように「そのようにしか食べられない」という場合であれば、笑いに転じることも、呆れるくらいで済ますことも、心情的に可能なのだ。この場合、ヒーローもエイリアンもこちらの範疇に入る。

しかし、赤ちゃんでもないのに、ちゃんとしたマナーがわかっているにもかかわらず、わざと食べちらかす町のダニどもは明らかに違う。彼らは残念なことに、鑑賞者であるわたしたちに予想以上に深く——その後、相当酷い目に遭ったとしても——あまり同情の余地を感じないくらいには、生理的嫌悪感を持たれてしまうということなのである。

49

罵りの言葉はいつも「くそっ」

'Shit', The Curse Word of Choice

「くそっ」は、悪態をついたり、悔しがったりする場合によく使われる罵倒言葉だ。漢字で書くと「糞」。いわゆる大便のことで、これがフードかと問われれば、むろん違う。が、しかし、食べ物は、匂いを嗅ぎ、目で彩りを楽しみ、食事として口に入れて咀嚼し、舌で味わうところから、飲み込み、体内で消化して、肛門から排便するまでが一連の流れと捉えられるので、ここはひとつ「糞」についても述べておきたいところだ。

さて、「くそっ」の応用編の罵倒言葉としては、くそったれ、くそ野郎、みそくそに言う、くそして寝ろ、くその役にも立たぬ……などがある。悪態とまではいかないが、揶揄する言い方として「あいつはくそ真面目だ」や、意味を強める言いかた――たいていは最低方向に――として「くそ馬鹿野郎」「下手くそ」「くそ忙しい」「くそ生意気」なんていうのもあり。それから、悪態が転じて「なにくそ、負けるか」「お前らなんか、くそ喰らえ」などと士気を鼓舞する言葉にもなっている。こんなふうに糞にまつわる言葉には、あまり上品とはいえない言い回しがたくさんあるのだ。

海外ではどうかと言えば、糞は英語で「shit（シット）」。同様にフランス語で「merde（メルド）」。やはり、悪態をつくときに吐かれている。「シット！」「メルド！」このふたつは外国映画やテレビドラマの端々でよく吐き捨てられる言葉なので、聞き覚えのあるひとも多いのではないだろうか。同様に、糞はスペイン語で、「mierda（ミエルダ）」、韓国語では「시발（シッパル）」で、やはり悪態として使用されている。

それから、相手の戯言をなじるときに使われるshitの応用が「bull shit」。牛の糞の意味で「ふざけんな」「うそつけ」の意味になる。また、「holy shit」、聖なる糞は「ありえない」「なんだこりゃ」という激しい驚きの意味だ。聖なる食べ物や飲み物と呼ばれるものは存在するが、聖なる大便は存在しないのだ、とここでもまた間接的に糞は地位を貶められている。

さらに、ドイツ語で糞は「Scheiße」。「Verdammte Scheiße」で、「くそったれめ」。イタリア語で「ちくしょう」は、「pezzo di merda」で、糞のかけらのこと。「失せろ、ばか」は、「va cagare」で、糞しに行けということ。中国語で「ば～か」は「臭狗糞」。直訳すれば、臭い犬の糞ということである。

そう、罵りの言葉が「糞」なのは、万国共通だ。だから、「くそっ」は、もっともポピュラーな悪態言葉として画像作品にしばしば登場する。

たとえば、こんなとき。

＊犯人を取り逃がして「くそっ」
＊電車に乗り遅れて「くそっ」
＊勝負に負けて「くそっ」
＊携帯電話の充電が切れて「くそっ」

＊誰かに嫌みを言われて「くそっ」

挙げれば、もう切りがないくらいに無数に罵っている。これらは言わば、概念化した糞であり、言霊として呪詛を吐いたということだ。しかし、本物の糞が登場する場合もじつは存在し、こちらもかなりステレオタイプなのである。

＊気障野郎が気取って会釈し、優雅に身を翻した瞬間、思いっきり糞を踏んづけた
＊弱り目に祟り目の人物がこれがとどめとばかりに、思いっきり糞を踏んづけた
＊散々に威張り散らした人物が帰ろうと一歩踏み出した途端、思いっきり糞を踏んづけた
＊晴れやかな気分に包まれて意気揚々と表通りに躍り出たまではいいが、思いっきり糞を踏んづけた
＊抜き足、差し足、忍び足で隠密裏に尾行した末に肝心な局面で、思いっきり糞を踏んづけた

これらの状況に陥って「くそっ」と言わない登場人物がいるだろうか？　いや、いない。まさに「くそっ」と言うにふさわしい事態だ。また、この場面を目撃した鑑賞者の

内なる声を大便、いや代弁すると「ああ、やってくれたよ、やっちゃったよ、くさ〜」というところだろうか。この場合、踏んだのが高飛車キャラならいい気味だと薄笑いし、ドジキャラならやっぱりねと大笑いできる。自分で踏むのは金輪際嫌だけど、ひとが踏むのをお気楽に鑑賞するのは楽しいものだ。

なんでも最新の研究によると、人間の五感の中でも嗅覚が味に大きく関わっていて、食べ物の味の80%は臭いで決まるという。たぶん、大便がこんなに嫌われる最大の原因は臭いにあると思うのだが、もし仮に「大便からいい匂いがする」となったらむしろ人類存亡の危機、「甘受できる臭い」くらいでもたいへんなことになってしまうはずである。日本でも戦国時代には、籠城している敵の陣地に大便を投げ入れる作戦が一種の生物兵器として実行されていたのだそうだ。簡単に著しく衛生環境を劣化させるため、戦術として効果的だったという。

このように大便には重大な病気を引き起こす菌が満載されているのだから、うっかり食べられるかもしれないなんて、万が一にも思われないようにしなければならない。大便が万人に受け入れ難い酷い臭いなのは——進化なのか、淘汰なのかわからないが——臭いで「食べるな危険、だめ、絶対。触るのも厳禁」と、誰にでもわかるように注意書きがしてあるということなので、理に適ったことだと言える。

理には適っているが、しかし激しく臭いのはどうしようもない。この糞を踏んづけたときのがっかり感、台無し感には、ほかのものでは置き換えられない、むしろ落胆がすぎて一種の高揚感にも似た何かがある。だから、画像作品でもこのシナリオは人気を博しているのだろう。

何をご馳走と思い、何を粗末な食べ物と考えるかは、時代によっても相当違うし、好物、苦手、旨い、まずいは、地域差や個人の嗜好、その日の体調によっても千差万別だ。しかし、糞は違う。元は素晴らしいご馳走や大好物でも、逆にまずい料理や苦手な物でも、排泄されれば、糞は糞。どんな食べ物も最後は等しく大便として排出されるわけで、そして等しく嫌われるというのは、考えてみればたいへんおもしろい、希有な現象ではないか。

しかも、人間が生きていれば、老若男女、人種、美醜を問わず、必ず1日1回程度はこなさなければいけない生理現象でもある。だからこそ、糞は万国共通の罵り言葉として、今までも、そしてこれからも人気があると思うのだ。なぜなら、とてもわかりやすいからだ。「くそっ」は、ある意味「悪臭」というユニバーサルデザインが施されたステレオタイプフードなのだ。

50
極悪人は食卓を慇懃無礼に扱う

Villains Always Affront the Table

最後にここで軽くおさらいをしてみたい。

ゴロツキに、家族や仲間と囲む食卓を襲撃され、「温かい手料理を台無しにされた」といった状況は、肉体に直接加えられる暴力に比べて、実害が少ないわりに、鑑賞者の感情に強く訴えかける。故に自然とゴロツキに対して憤慨してしまうのだが、これはなぜかといえば、画像において、食卓が家族（仲間）の絆のアイコンとして機能しているからだ。だから、わたしたち鑑賞者の、この怒りはどこから来るのかというと、食卓を襲われるのは、家族（仲間）を蹂躙されたと同義だと捉えてしまう、という感情の流れから来るものだと考えられる。

さて、本章では、ゴロツキが食卓を襲ったあとの、その次の展開について、考えを巡らせてみたいと思う。これには、大きく分けて3つのシナリオが考えられる。

シナリオ1は、脅すだけ脅したら、凄みながら「おい、また来るからな」などと捨て台詞を残して、肩をそびやかしてゴロツキが立ち去る、といったシンプルなもの。「食卓を襲われた家族（仲間）」にとっては、これだけでも充分な災難だが、ふたつめのシナリオに比べれば、じつはまだ被害は軽かったと言えるだろう。

シナリオ2は、こうだ。ゴロツキが食卓を襲ったあとに、ボス格のキャラクターが満を持して「おい、お前たち、やめろ」などと、心にもないことを言いつつ登場するパターンだ。そう、ボスは予めゴロツキを手下として従えて、乗り込んでいたのであった。

この場合、ゴロツキは恐怖の地ならしをするための言わば先鋒で、ボスこそが指揮官。

本当に怖いのは、このボスだ。

またボスは「こいつらが手荒なことをして、すみませんね」などと、慇懃な態度で「食卓を襲われた家族（仲間）」に、さも味方するかのように登場してくるのが定番だ。よく考えれば、謝るくらいなら、手下が乱暴する前に止めるべきだろうという問題は、丸っきり無視しているところからもわかるように、ボスの謝罪は所詮おためごかし。「食卓を襲われた家族（仲間）」がほっとひと息ついて気をゆるめたところを狙いすまして、結局は、暗に「今のうちに言うことを聞かないと、もっと酷いことになるぞ」と追い打ちをかけるのが真の目的だ。

彼らは、「安心したところで、さらに突き落とされると一気に心が折れてしまう」という、人間の心理を利用して、ゴロツキは脅し役、ボスは宥め役と役割を分担し、そこからさらに突き落とす、という3段構えの揺さぶりをかけることで、より一層の脅迫効果を狙っているのだ。みんな気をつけて。

ところで、食卓に対するゴロツキの襲撃を止めたボス自身は、追い打ちをかけるために、食卓をどのように扱うのだろうか？

それは、ひと言で言えば「慇懃無礼」。一見食べ物に敬意を表しているようでいて、実際は貶めるように扱う、ということである。たとえば、こんな感じである。

手下の狼藉（ろうぜき）を早めに――ゴロツキが凄んで食卓をドンッと拳骨で叩き、皿をビリビリ震わせたり、コップがバタンと倒れて水がこぼれたくらいで――止めに入った場合なら、

＊「お食事中でしたか。どれ、わたしもご相伴に与（あずか）りましょう」などと、さも今気がついたような口をきき、ふたを取って鍋の中身を覗き込んで鼻白み、ひと言「いや、わたしの口には合わないようだ」と呟く……あるいは「おや、奥さんのお手製ですか。わたしにもひとついただけますかな？」と、ひと口食べて眉をひそめ、真っ白いハンカチを口に当ててそっと吐き出し、暗にまずいの意を示す。

＊「お子さんの誕生日祝いでしたか、それはおめでとうございます」と口では言いながら、心尽くしのデコレーションケーキから、砂糖菓子の人形を摘（つま）み上げ、「おっと力を入れすぎたようだ」と指でグシャリと捻りつぶす……あるいはケーキの皿を、さも穢（けが）らわしそうに持ち上げて「これは失礼、手がすべった」と床に落とし、仕上げに「おや、靴が汚れてしまったな」と靴に飛んだクリームを、食卓のナプキンで拭く、というのもありだ。

一見、家族（仲間）の食卓の輪に加わる素振りを見せながら、ボスには端からそんな気はない。食卓に並ぶ奥さんや子供絡みの料理を慇懃無礼に扱うことで、ボスは「奥さ

んや子供がどうなっても知らないぞ」と暗に、家族（仲間）にとって一番の弱みになる人物をめがけて強請っているのは明白だ。

反対に、手下のゴロツキに散々っぱら暴れさせたあと——テーブルは倒され、椅子の脚は折れ、食器も料理もめちゃくちゃ——ならば、

＊惨状をゆっくり見渡して「これは、部下たちがたいへんなご無礼を。ほんのお詫びの印です」と、原形を留めないほど破壊された食卓の上に、お札をパラリと投げて寄越す。

冒頭で述べたことをもう一度繰り返すが、ゴロツキに、家族（仲間）と囲む食卓を襲われると、激しい怒りを感じてしまうものだ。が、しかし、どうだろう、家族（仲間）と囲む食卓を、このように慇懃無礼に扱われると——むしろ今挙げた例のように、お金で弁償される場合もありで、実害は少ないわけだが——この場合、怒りを通り越して、恐怖を感じてしまうのだ。

これはなぜかといえば、あからさまに食卓を襲うということは、敵はそこに破壊するだけの価値を見いだしているということであり、まだ、同じ世界に住む人間だと感じることができる。しかし、画像において家族（仲間）の絆のアイコンとして機能しているところの「食卓」を、慇懃無礼に扱う行為は、「お前たちなど取るに足らない、虫けら

以下の存在だ。まったく価値を認めてない」という、ぞっとするような暗喩に読み取れる。これは非常に陰湿でたちが悪い。

それから、シナリオ1のように、ゴロツキがシンプルに引いたからといって、安心はできない。なぜなら物語によっては、家族（仲間）の食卓に直接姿を現さない「ゴロツキを陰で操るボス」も存在するからだ。じつはこれこそが、2の酷さを上回る第3のシナリオだ。

食卓を襲ったゴロツキが、ボスの元へ報告に向かう。……と、ここではじめて鑑賞者は、こいつらの後ろにはもっと大物がいたのか、と不意を突かれることになる。

ゴロツキが「あいつら、折れません。なかなか手強いですぜ」などと報告すると、ボスはそれを聞きながら「いつまで強情を張っていられるか、見物だな」とか、「お前たち、手緩いな。例の最後の手段を使え」などと無表情にのたまうか、あるいは無言で不敵に冷笑して、

＊自分の食べかけの料理で、無造作に煙草を消す

＊皿の中の料理を食べずに、意味もなく突っつき回して、弄ぶ

＊目の前にずらりと並んだ豪華な料理には見向きもせず、給仕に手振りだけで下げろと命ずる

いずれにしても、慇懃無礼に扱われる料理は、うまそうで、手間をかけて誠実に作られたものほど、恐怖の効果は大きいといえる。しかし、このような場面を見せつけられたら、どうだろう、血も凍る気分を味わう羽目にならないか？　ゴロツキが先鋒で、現場に出向く系のボスが指揮官程度なら、これはもう黒幕とも呼ぶべき、最低最悪の極悪人ではないか。

要するに、自分の食卓、言い換えれば自分の血肉になる料理ですら、慇懃無礼に扱うということは、感覚が違いすぎて、彼が何を裏切って、何を信じているのか、腹の底がまったく見えない。そのような人物に対して最大級の畏怖を覚えるのは、ごく自然な感情といえる。だから、物語において極悪人になればなるほど、食卓を慇懃無礼に扱うのも道理だ。

しかも、この「自分の食卓すらも慇懃無礼に扱う極悪人」の存在を知っているのは、鑑賞者だけ。わたしたち鑑賞者が、感情移入しながら見守っている物語中の「家族（仲間）」は知らないのだ。「危ない。安心しちゃだめだ。ゴロツキの後ろには、あなたたちが知らない極悪がまだ控えているのだから。お願い、それに気がついて」と、ハラハラしながら、成り行きを見守るしかない。これはもう目が離せない。極悪人が食卓を慇懃無礼に扱えば扱うほど、物語にとって強力な推進力が生まれるというわけである。

さらに言えば、そして多分に逆説的であるが、「自分の食卓を慇懃無礼に扱う極悪人」の上を行く「究極の極悪人」を描くとするなら、それは常ににこにことおいしそうに料理を食べるにもかかわらず、裏では信じられないほどの冷酷無比な鬼の所業を平然と行う人物――これはフード演出的に、ステレオタイプではないが、しかし皆無でもない――なのかもしれない。こうなると極悪人というより、もはや怪物だ。血が通っていないのではないかという疑いすらあり、同じ星の人間とは思えない。

このような人物と対峙すると、鑑賞者は瞬時には感覚的に捉えきれない恐怖を味わうことになる。なぜなら、この「おいしそうに料理を食べてみせた上に鬼の所業を行う怪物」の出現は、わたしたちが心の奥底に持つフード倫理を180度ひっくり返すような効果を生むからだ。

この怪物は、「原則とは多くの場合に当てはまる基本的な法則という意味で、本書冒頭のフード三原則もあくまで原則に過ぎないし、わたしは原則に当てはまらない埒外の存在なのだ」と突きつけてくる。それゆえ、「嘘だろ？　この人物の腹の底はちゃんと見たのだから、こんな酷いことをやるはずがない。まさか平気でやるなんて、もう何を信じていいのかわからない」といった価値観の崩壊を引き起こし、鑑賞者の現実が揺らいでしまうのだ。シリアルキラーやサイコパスといった異常な性格付けのキャラクターが「おいしそうに料理を食べてみせた上に鬼の所業を行う怪物」として描かれる場合があるのはそのためだ。これはフード三原則的な倫理感を逆手に取っているのだ。

31章で、口の中の咀嚼物を吐きかけたら「あなたの言うことは絶対理解できない」という完全否定の意思表示だと述べたが、じつはその上を行く完全否定の最上級表現がある。それは「嘔吐」、つまりゲロを吐くことだ。一旦は胃まで入れて消化しかけた食べ物を吐くことの意味はさらに重い。これはもう、目の前の現実を心が拒否し、とても正気では耐えられないと体が悲鳴を上げているのだ。この怪物と対峙した人物が、しばしば嘔吐するのはこのためである。

そして、別の視点からこの現象を考察すると、わたしたちは、無意識下においてこそ、家族（仲間）で囲む食卓を、神聖かつ大切な侵すべからざるものとして、あるいは何か根源的な共同体の倫理の拠り所として、常に心の中に堅持しているのだということが、改めて鮮明に浮かび上がってくる。

あとがき

本書は2012年4月に『ゴロツキはいつも食卓を襲う フード理論とステレオタイプフード50』（太田出版刊）というタイトルで出版された単行本を改稿し、さらに改題して文庫化したものです。

あとがきでは、単行本出版の経緯に触れたいと思います。ちょっと変わっているんです。当時放送されていたTBSラジオの人気番組「ライムスター宇多丸のウィークエンド・シャッフル」・通称「タマフル」に、リスナーとして投稿したメールがそもそもの発端でした。

ラジオに投稿するなんて人生初でしたが、なぜか宇多丸さんをはじめとする番組スタッフの皆さんが、わたしのメールの内容に興味を示してくださったんです。一度会って直接話が聞きたいとのご連絡をいただき、神楽坂のロイヤルホストで打ち合わせをしました。

2時間ほどのミーティングの結果、番組にゲスト出演し「映画・『七人の侍』は、最高の食育映画だ！　名作の裏に〝フード理論〟あり！」というテーマで、パーソナリティの宇多丸さんと1時間の生トークをすることになったのです。黒澤明監督作品『七人

『の侍』は、映画の宣伝ポスターの惹句「痛烈無双最大の時代活劇」に嘘偽りなく大傑作ですが、宇多丸さんとのトークはこの名作をアクション面からではなく、フード演出から読み解くという構成でした。

このとき話した「フード三原則」の内容が本書のエスキースとなりました。思い返せば「フード理論」という言葉もじつはタマフル発。ラジオ出演をきっかけに1冊の本が誕生し、12年後に文庫本と電子書籍のお話をいただけるなんて、ありがたいことです。ライムスター宇多丸さんと構成作家の古川耕さん、番組スタッフの皆様には深い感謝を捧げます。

また原稿を書くにあたり、わたしの原動力となったのは、オノ・ナツメさんの素晴らしいイラストです。1章書くごとに1枚挿し絵が増えるなんてすごい、とどんどん書いてしまい全部で50章になりました。本書には52枚のイラストが収録されていて、各章の主題を楽しげに補完してくれています。イラストあっての本書です。オノさん、本当にありがとうございます。

福田里香

参考資料

L.M.モンゴメリ著／村岡花子訳『赤毛のアン』（新潮文庫）
長谷川町子著『サザエさん』（朝日文庫）
相原コージ・竹熊健太郎著『サルでも描けるまんが教室』（小学館）
ダグラス・アダムス著／風見潤訳『銀河ヒッチハイク・ガイド』シリーズ（新潮文庫）
黒木夏美著『バナナの皮はなぜすべるのか？』（水声社）
アガサ・クリスティー著／宇野利泰訳『ポケットにライ麦を』（ハヤカワ・ミステリ文庫）
若桑みどり著『薔薇のイコノロジー』（青土社）
ウォルト・ディズニー製作『白雪姫』（1937年公開）
宮崎駿監督『風の谷のナウシカ』（1984年公開）
庵野秀明監督『新世紀エヴァンゲリオン』（1995年テレビ放送）
スタンリー・キューブリック監督『2001年宇宙の旅』（1968年公開）

単行本『ゴロツキはいつも食卓を襲う　フード理論とステレオタイプフード50』
2012年4月　太田出版刊
（文庫化につき改題）

文春文庫

物語（ものがたり）をおいしく読（よ）み解（と）く

フード理論（りろん）とステレオタイプ50

定価はカバーに表示してあります

2024年1月10日　第1刷

著　者　福田里香（ふくだりか）

画　オノ・ナツメ

発行者　大沼貴之

発行所　株式会社　文藝春秋

東京都千代田区紀尾井町3-23　〒102-8008
ＴＥＬ　03・3265・1211㈹
文藝春秋ホームページ　http://www.bunshun.co.jp

落丁、乱丁本は、お手数ですが小社製作部宛お送り下さい。送料小社負担でお取替致します。

印刷・図書印刷　製本・加藤製本

Printed in Japan
ISBN978-4-16-792162-0